Zur Autorin:

Frau Prof. Dr. rer. pol. Sylvia Sacco lehrt an der Brandenburgischen Technischen Universität Cottbus - Senftenberg im Studiengang Soziale Arbeit. Ihr Fachgebiet ist Management für Gesundheits- und Sozialorganisationen.

Brandenburgische
Technische Universität
Cottbus - Senftenberg

Prof. Dr. rer. pol. Sylvia Sacco

Social Entrepreneure - stille Helden?

Selbstständige Sozialarbeit in strukturarmen Regionen

© 2019 *Prof. Dr. rer. pol. Sylvia Sacco*

Verlag & Druck: tredition GmbH, Harlenreie 40 – 44, 22359 Hamburg

ISBN

Paperback   978-3-7497-0097-4

Hardcover   978-3-7497-0098-1

Diese Studie wurde im Rahmen eines Forschungssemesters an der Brandenburgischen Universität Cottbus Senftenberg, Institut für Soziale Arbeit, in der Region der Lausitz durchgeführt.

Inhaltsverzeichnis

Einleitung

Vor zwei Jahrzehnten waren Selbstständige in der Sozialen Arbeit nur marginal vertreten und mit weniger als einem Dutzend Publikationen präsent.[1] Nunmehr liegen über Entrepreneure[2] in der Sozialen Arbeit eine Reihe an Beiträgen über ein vielfältiges Forschungsfeld vor[3]. Trotzdem bietet das Forschungsfeld viele unentdeckte Felder und offene Fragen.

Zum Thema „Entrepreneur in der Sozialen Arbeit" beispielsweise bestehen viele Hoffnungen. Dieser Umstand gewinnt an Bedeutung in einer Welt des schnellen Wandels, mit allen daraus resultierenden Herausforderungen für die Handlungsfelder der Sozialen Arbeit. Angesichts komplexer Problemkonstellationen in der Moderne, in der Sozialarbeit auf heterogenen Ebenen zur

---

[1] Sacco, S. (2002)

[2] Gablers Wirtschaftslexikon: Entrepreneurship bezeichnet zum einen das Ausnutzen unternehmerischer Gelegenheiten sowie den kreativen und gestalterischen unternehmerischen Prozess in einer Organisation (…)

[3] Jähnke, P./Christmann, P./Balgar, K. u.a. (2011)

Problembewältigung aufgerufen ist, fällt der Blick auf die Entrepreneure in der Sozialen Arbeit, welchen die Eigenschaften von „Innovation" und „Macher – Mentalität"[4] zugeschrieben werden.

Diese Studie verfolgt das Ziel über Experteninterviews mehr Informationen zu den Erfahrungen und Motiven der Social Entrepreneure[5] und deren Sozialunternehmen in strukturarmen Räumen, hier der Lausitz in Brandenburg, zu gewinnen. Diesbezüglich werden qualitative Daten über selbstständige Sozialarbeitende über teilstrukturierte Interviews gesammelt und ausgewertet. Innerhalb eines räumlich begrenzten Rahmens erhalten Entrepreneure das Wort, um über ihre Gründungsanliegen und Zielsetzungen ihrer Sozialunternehmen zu berichteten. Über die Befragung zu den Grunddaten hinaus sind die Interviewsituationen offen gehalten. So wird über die Teilstrukturierung der Fra-

---

[4] Richter, R./Christmann, G. (2018)

[5] Im Interesse der Lesbarkeit wurde auf geschlechtsbezogene Formulierungen verzichtet. Selbstverständlich sind immer Frauen und Männer gemeint, auch wenn explizit nur eines der Geschlechter angesprochen wird.

gebögen angestrebt den Selbstständigen die Option einzuräumen in ihrem eigenen subjektiven Ermessen Beiträge, Fragestellungen und Hinweise ihres Sozialunternehmens in das Interview einzubringen. Der inhaltliche Schwerpunkt der Datengenerierung basiert auf den zu gewinnenden Erkenntnissen über die Gründungen und die von den Selbstständigen wahrgenommenen Chancen und Risiken in der strukturarmen Region der Lausitz.

1. Social Entrepreneure

Vorab kurz zu den verwendeten Begrifflichkeiten. Im Text wird der Begriff „Sozial- Entrepreneur" verwendet. Diese Bezeichnung geht einher mit den charakteristisch - fachlichen Attributen der Kreativität, der Nutzung unternehmerischer Gelegenheiten/Nischen sowie Innovation und Gestaltungspotenzialen von Social Entrepreneuren.[6] Weiterhin werden die Gründer im Text auch in ihrer Funktion als Selbstständige benannt.

Bezeichnend für diese Gruppe ist, dass sie ihre Leistungen in der ethisch werteorientiert geprägten Vielfalt vorhandener bzw. neu entstehender Dienstleistungsspektren der Sozialen Arbeit nutzerorientiert anbieten bzw. vorhandene Nischen im Sozialmarkt innovativ nutzen. Dabei stehen ökonomische Gewinnmaximierungen nicht im Vordergrund.[7] Aufgrund der Vielfalt der Angebote und Ausrichtungen im Sozialen Dienstleistungsspektrum begründet sich die Schwierigkeit einer exakt - definitorischen Eingrenzung von Social Entrepreneuren. Die Bewertungen und

---

[6] Unterberg, M./Richter, R./Spieß-Knafl. W. u.a. (2016)

[7] vgl. Jähnke, P./Christmann, P./Balgar, K.. (2011)

Zuschreibungen der Dienstleistungsangebote zur Sozialarbeit werden vom jeweiligen Entrepreneur vorgenommen, welcher die Perspektiven der Gründung in sich trägt und diese als Dienstleistung entwickelte. Damit soll die Gefahr einer selektiven Ausgrenzung durch die Beobachter und Untersuchenden als Nichtexperten minimiert werden. Analog der Studie des Bundesministeriums für Wirtschaft und Energie folgend (Unterberg u.a. 2016) wird eine engere definitorische Eingrenzung von Social Entrepreneuren in dieser Studie entsprechend nicht vorgenommen. Die Interviewzielgruppe positioniert sich als zur Profession zur Sozialen Arbeit zugehörig. Einerseits durch ein abgeschlossenes Studium der Sozialen Arbeit und andererseits durch die langjährige Tätigkeit in der Sozialarbeit.

Nach dem Europäischen System der Volkswirtschaftlichen Gesamtrechnung (ESVG 1995 11.15) gelten als Selbstständige diejenigen Personen, die alleinige oder gemeinschaftliche Eigentümer eines Unternehmens ohne eigene Rechtspersönlichkeit sind. Bezeichnende Merkmale einer Selbständigkeit betreffen insbesondere die uneingeschränkte Entscheidungsfreiheit. Diese bezieht sich auf die Zielgruppenauswahl, die angebotenen Dienstleis-

tungssegmente, Organisationsziele, Festlegung der Rahmenbedingungen, Prozesssteuerung und angestrebten Ergebnisse sowie der Einsatz von Kapital und Personal u.v.m. Auch wenn der
Aspekt der Altersversorgung politisch ambitioniert schon mehrfach öffentlich in der Diskussion war, so erfolgt die Altersversorgung bis dato noch durch den Selbstständigen selbst und nicht
über den Staat.

1.1 Selbstständige Sozialarbeiterinnen und Sozialarbeiter in der Lausitz

Über die Gruppe der Selbstständigen innerhalb der Sozialen Arbeit im Bereich der Lausitz sind keine wissenschaftlichen Unter-
suchungen bekannt.

Alle kontaktierten Selbstständigen, unabhängig von einer Teil-
nahme an dieser Studie, gaben an, dass sie erstmalig an einer
fachlichen Befragung teilgenommen hätten. Keiner der Entrepreneure (angefragte und teilnehmende) hatte bislang an einer Studie zur Selbstständigkeit mitgearbeitet.

In der nachfolgenden Tabelle sind die Tätigkeitsfelder der Interviewten abgebildet.

TÄTIGKEITSFELDER			
ANZAHL			ANZAHL
Erziehung/Betreuung/ambulante bzw. stationäre Jugendhilfe	3	Verfahrenspflege für Senioren	1
Bildung/Beratung/Coaching/Medienpädagogik	4	Berufsbetreuer	1
Hilfen für Menschen mit Förderbedarf	1	Palliativarbeit/Hospizarbeit	1
Wiedereingliederung in der ersten Arbeitsmarkt, Arbeitsförderung	1	Outdoor -Trainer/Lebenspraxis	3

Bei der Übersicht ist zu beachten, dass die Entrepreneure mehrere Dienstleistungsbereiche für differente Zielgruppen anbieten und deshalb die Angaben höher ausfallen als die Interviewanzahl.

1.2 Die Selbstständigkeit als aktive Entscheidung

Den Sozialunternehmerinnen und Sozialunternehmer ist bewusst, dass sie, zumindest theoretisch, die Selbstständigkeit optional gegen ein Angestelltendasein eintauschen können. Das Land Brandenburg sucht verzweifelt Sozialarbeiter, allein auf die Zuwanderungsproblematik bezogen kommt ein Sozialarbeiter auf 80 Zuwanderer. [8] Die hohe Nachfrage nach Fachkräften aus der Sozialen Profession sowie ein attraktives Jobangebot nebst Direkteinstieg in Leitungspositionen machen die Alternative zur Selbstständigkeit aus. Der Arbeitsmarkt registriert bundesweit die Sozialarbeitenden als primär gesuchte Zielgruppe für Einstellungen.[9]

Wenn auch den Verlockungen eines risikoarmen und geregelten Beschäftigungsverhältnisses widerstanden wurde, so bewegen sich die interviewten Social Entrepreneure in den strukturarmen Räumen eines ländlich geprägten Grenzgebietes. Gründer in diesen Sektoren haben, zu den üblichen Risiken und Belastungen des Unternehmertums hinweg, zusätzlich mit einem schwierigen Umfeld zu kämpfen.[10]

In den nachfolgenden Kapiteln werden die Social Entrepreneure jedoch selbst zu Wort kommen, um diesen Aspekt zu vertiefen.

---

[8] Wangemann, U.(2018)

[9] Burgard, O. (2016)

[10] Klandt, H./Szyperski, N./Frese, M. u.a. (2008)

Letztlich hatte keiner der Interviewten aus der Not heraus gegründet, z. B. aufgrund Arbeitslosigkeit oder drohender Kündigung.

1.3 Strukturarme Räume als Herausforderung

Bevor im Textverlauf die Entrepreneure persönlich berichten über evtl. Schwierigkeiten, die u. a. mit der Lage der Lausitz einhergehen, soll zunächst das Umfeld und die Struktur der Lausitz, in welchen die Gründungen eingebettet sind, vorgestellt werden. Dabei sollte nicht übersehen werden, auch wenn es zunächst widersprüchlich scheint, dass viele Potenziale gerade aus der bezeichneten Strukturarmut entspringen können, wie z. B. niedrige Mieten für Räumlichkeiten.

Doch zunächst soll nachfolgend die Region detaillierter vorstellt werden.

2. Die Forschungsregion

An dieser Stelle soll die Region der Lausitz in ihrer historischen und geografischen Lage sowie über die aktuellen Daten als Wirtschaftsregion mit ihren Arbeitsmarktbedingungen kurz skizziert werden, um den Leserinnen und Lesern die Rahmenbedingungen der Social Entrepreneure näher zu bringen.

2.1 Geografische Lage der Lausitz

Die Lausitz umfasst ein flächenmäßiges Gebiet von zirka 11.682 Quadratkilometern und unterteilt sich in die zwei Gebiete der Ober- und Niederlausitz mit insgesamt zirka 1,16 Mio. Einwohnern.[11]

Der brandenburgischen Niederlausitz werden die Landkreise Oberspreewald - Lausitz (bis auf zwei Gemeinden im äußersten Südwesten), Spree-Neiße, Teile der Landkreise Elbe-Elster, Dahme-Spreewald, Oder-Spree und die kreisfreie Stadt Cottbus zugeordnet.[12] Die Niederlausitz grenzt geografisch im Norden

---

[11] Wirtschaftsregion Lausitz (Wirtschaftsregion Lausitz 10.07.18): Lage der Region
[12]Wirtschaftsregion Lausitz (Wirtschaftsregion Lausitz 06.11.18): Lage der Region

an die Metropole Berlin und im Süden bzw. Westen an Dresden und Leipzig. Von der Großstadt Cottbus aus betrachtet, beträgt die Entfernung zu einer der genannten Metropolen jeweils etwas mehr als einhundert Kilometer.

Als östlichste Grenzregion zeigt sie sich die Lausitz in direkter Nachbarschaft zu Polen und Tschechien.[13]

---

[13] Bundesagentur für Arbeit (Juni 2019)

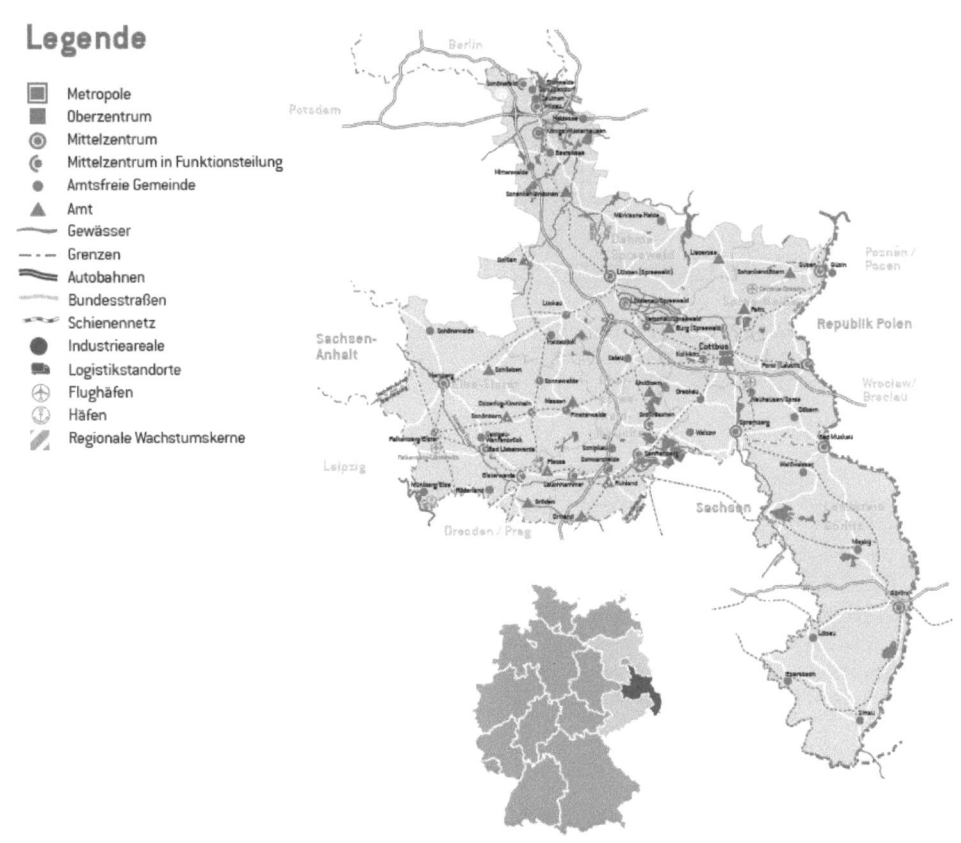

Legende

- ▪ Metropole
- ■ Oberzentrum
- ◉ Mittelzentrum
- ◖ Mittelzentrum in Funktionsteilung
- ● Amtsfreie Gemeinde
- ▲ Amt
- ── Gewässer
- --- Grenzen
- ∼ Autobahnen
- ── Bundesstraßen
- ∼ Schienennetz
- ● Industrieareale
- ▥ Logistikstandorte
- ⊕ Flughäfen
- ⊕ Häfen
- ▨ Regionale Wachstumskerne

Abb. 1[14]

Die besondere Lage der Lausitz, als deutsche Grenzregion zum Nachbarland Polen, macht es interessant sich dieses Gebiet auch

---

[14] Wirtschaftsregion Lausitz (Mai 2019)

hinsichtlich seiner ökonomischen Aspekte, als Wirtschaftsregion, näher anzuschauen.

2.2 Die Lausitz als Wirtschaftsregion

Werfen wir einen Blick in die Vergangenheit. Im Zuge der Industrialisierung kam es gegen Mitte des 19. Jahrhunderts zum Bau von Bahnlinien, um die Transportwege für die Glasindustrie und den Kohleabbau anzulegen. Innerhalb der DDR – Ära avancierte die Region zum Energiezentrum mithilfe des „brauen Goldes" - dem Kohleabbau.[15] Die Lausitz ist seitdem vom Braunkohleabbau geprägt. Dies betrifft insbesondere den südlichen Teil. Auch nach dem einsetzenden Strukturwandel, nach der Wende, hielt die Kohleförderung an, wenn auch stark zurückgefahren. Obwohl sich seitdem die Beschäftigungszahlen im Braunkohlebergbau erheblich reduzierten, sind es trotzdem weiterhin die Kohleindustrien, welche die Hauptarbeitergeber in der Region stellen.[16]

---

[15] Förderverein Lausitz e. V. (2018)
[16] Förderverein Lauistz e. V. (2018)

Dort, wo die Kohle abgebaut wird, zeigt sich oft ein Bild der Zerstörung. Oft kommt es zu Problemen wie verpesteter Luft, zerstörten Landschaften und verseuchtem Wasser, denn so werden die Gebiete des Kohleabbaus, so beispielsweise Welsow, beschrieben.[17]

Einen krassen Gegensatz dazu liefert der parallel laufende Ausbau der Lausitz als Tourismusregion. Hier zeigt sich die Lausitz mit einem anderen Gesicht, mit idyllischen Landschaften und kristallklaren Seen,

---

17 Zeit (2018)

einem gut ausgebauten Radwegsystem und vielen Kulturangebo-
ten, vor allem rund um die Metropolen.[18] Die Freizeitoptionen
sind vielfältig und umfassen ein großes Spektrum an Wasser-
sportangeboten, ein umfassend ausgebautes Netz an Rad- und
Wanderwegen, Flugsportangeboten und anderen diversen Out-
door - Aktivitäten. Bislang jedoch gilt der Strukturwandel vom
Braunkohlebergbau zur Tourismusregion als noch nicht vollzogen.[19]

Die ländliche und periphere Lage mit geringer Verkehrsanbindung sei ein Standortnachteil, so der Tagesspiegel; da sie eine
geringe Innovationsentwicklung in der Region zur Folge habe.[20]

Die Politik habe den Umbau zum Vorzeigestandort für erneuer-
bare Energien verschlafen und die Seenlandschaften der Lausitz
könnten derzeit die notwendigen Beschäftigungsanzahlen in der
Tourismusbranche nicht bieten. Dagegen sei der Kohleabbau als
Antagonist für den Tourismus besonders zu fürchten, wie über

---

18 Landkreis Oberspreewald (2017)

19 Budde, V. (2018a)

20 Pro Lausitzer Braunkohle (2018)

den Artikel „Tagebau in Brandenburg – In der Lausitz trocknen die Seen aus" nachvollziehbar wird.[21]

Die Kohleindustrie als Motor und der parallel angestrebte Strukturwandel vom schmutzigen Gold zur sauberen Energiewende bilden ein Spannungsfeld der Extreme. Im Jahre 2017 arbeiteten 7.900 Beschäftigte direkt in der Braunkohlewirtschaft der Lausitz; weitere 5.000 bis 10.000 Arbeitsplätze wurden durch Aufträge der Braunkohlewirtschaft geschaffen. Im Jahre 2020 werden 40% der Braunkohlebeschäftigten von 2017 mindestens das Alter von 60 Jahren erreicht haben.[22] Der hier geschilderte Schrumpfungsprozess betrifft nicht nur die Industrie des braunen Goldes, sondern die gesamte Region in ihrer demografischen Perspektive. Letzterer Aspekt soll im nachfolgenden Kapitel kurz vertieft werden.

---

21 Budde, V.(2018b)

22 Wörlen, C./Keppler, L./Holzhausen, G. (2017)

2.3 Demographische Aspekte und Prognosen

Ein Blick auf die Bevölkerungsentwicklung in der Lausitz am Beispiel Cottbus zeigt, dass sich die Einwohnerzahl von 1995 bis 2016 von 123.000 auf 100.400 Einwohner reduzierte. [23] Derzeit, im Juni 2019, sind 99.721 Bewohner in Cottbus mit Hauptwohnsitz gemeldet.[24] Entsprechend der Bevölkerungsvorausberechnung wird Cottbus 2030 über 92775 Einwohner verfügen, 2035 werden nur noch 88.960 Einwohner dort leben.[25] Abhängig von Wanderungsgeschehen können diese Zahlen entsprechend höher oder geringer ausfallen. Wie in der gesamten Bundesrepublik spürbar, werden auch hier die Veränderungen in der Altersstruktur dazu führen, dass der Anteil jüngerer Menschen in der Region eher marginal, der Anteil älterer Menschen dagegen eher dominant ausfällen wird.[26] Langfristig wird das Durchschnittsalter in der Region aber dementsprechend ansteigen.

---

[23] Entwicklung der Gesamtbevölkerung Cottus, zitiert nach: Statista.com

[24] Stadtverwaltung Cottbus (2019)

[25] Stadtverwaltung Cottbus (2019)

[26]Stadtverwaltung Cottbus (2019)

Nach dieser Skizzierung der Strukturen und Rahmenbedingungen in der Lausitz scheint es spannend zur Methodik der Studie überzugehen, um dann die Social Entrepreneure selbst mit ihren Erfahrungen und Einstellungen anzuhören, die in diesem Landgebieten unter den beschriebenen Rahmenbedingungen ihre Existenz als Selbstständige aufgebaut haben und betreiben.

3. Die Methodik

Um möglichst viel über die Entrepreneure und ihre Selbständigkeit in Erfahrung bringen zu können, d. h. hohe Zielerreichungsgrade zu erreichen, ist die geeignete Methodenwahl wichtig. Die nachfolgende Abbildung zeigt den Aufbau der Studie in der Tabelle.

Modul/ Phase	Forschungsgegenstand	Methode
1	Forschungsstand – u. Diskussion zu Existenzgründungen in strukturarmen Räumen	Analyse über Literatur und andere Medien
2	Bestandsaufnahme zu Formen der Selbstständigkeiten in der Sozialen Arbeit im Gebiet der Lausitz	Recherche über Literatur, Internet, Telefon, Ämter
3	Kontaktaufnahme und Durchführung der Interviews	Qualitative Forschung. Teilstrukturierte Experten- Interviews mit – Entrepreneuren der Lausitz
4	Transkription und Auswertung der Interviews	Explorative Expertinterviews nach Meuser/Nagel
5	Schlussfolgerungen und Ergebnisse	

3.1 Experteninterviews nach Meuser/Nagel

In dieser Studie wurde die Herangehensweise gewählt, die Entrepreneure als Experten für ihr Sozialunternehmen zu betrachten und dementsprechend in den Interviews als Experten zu befragen. ExpertInnen, so Meuser/Nagel, verfügen gegenüber dem Forschenden über einen Informationsvorsprung, also über exklusives Wissen innerhalb eines bestimmten Wissensgebietes.[27]

Die interviewten Sozialunternehmerinnen und Sozialunternehmer sind mehrjährig als Selbstständige in der Sozialen Arbeit tätig und sind vielfach im Besitz wechselseitige Erfahrungen von Selbständigkeit und nichtselbstständiger Tätigkeit. Wie über die Interviews bzw. im Vorfeld über die Recherchen zu erfahren war, verfügt ein Teil der Entrepreneure über die Erfahrungen von mehreren Gründungen im Sozialbereich. Diese Gründungen gehörten z. T. der Vergangenheit an, bzw. wurden Zweit – und Drittgründungen aktuell und parallel zur Erstgründung betrieben. Damit liegen bei alle Interviewten umfassende Erfahrungen

---

27 Meuser M./Nagel, U. (2002)

vor. Einige verfügten zum Zeitpunkt des Interviews über interdisziplinäre Erfahrungen, indem Kenntnisse im Gründungsspektrum verschiedener Fachrichtungen vorlagen.

Die Explorationsfunktionen der Experteninterviews sollen zur Erschließung des Forschungsfeldes dienen. Das hier verwandte Konzept der Experteninterviews ist der qualitativen Inhaltsanalyse nach Mayring[28] angelehnt, konzeptionell als auch in der Auswertungsmethode wird das spezielle Know how der Entrepreneure auch als ihr „Betriebswissen" bezeichnet.[29] Auf dieser Grundlage zeichnet sich die nachfolgende Vorgehensweise für die Studie ab.

3.2 Die einzelnen Vorgehensschritte

Nachfolgend sind die sieben Vorgehensschritte beschrieben.

1.   **Auswahlkriterien**: Die Interviewten erfüllen die Auswahlkriterien (siehe 3.3) und stimmen dem Interview zu.

---

28 Mayring, P. (1999)

29 Ullrich, P. (2006)

2.   **Erstinformationen und Datenschutz**: Die Zielpersonen erhalten Informationen zum Ablauf und zur Zielsetzung des Interviews, ebenso zu den Voraussetzungen und Rahmenbedingungen (Umfang, Datenschutz, Aufnahmeort etc.).

3.   **Interviewdurchführung und Standort:** Die Orte zur Durchführung der Interviews waren von den Interviewten frei wählbar. In der Regel wurden die Interviews in den Büros der Entrepreneure aufgenommen. Alternativ standen Räume an der BTU Cottbus Senftenberg zur Verfügung. Die Interviews wurden persönlich durchgeführt. Die Dokumentation vollzog sich über schriftliche Aufzeichnungen und Tonaufnahmen.

4.   **Transkription:** Analog Meuser/Nagel sind die Transkriptionen der Tonbandaufnahmen um Geräusche/Abbrüche/Tonhöhenverläufe und unbedeutende/Wiederholungen etc. reduziert bzw. bereinigt.

5.   **Thematischer Vergleich:** Die gelesenen Interview- Transkripte sind thematisch zusammengefasst. Dies dient dem Vergleich und der Wahrnehmung von Abgrenzungen/Gegensätzen. Es werden, orientiert an den Fragen und den dazu erfolgten

Ergebnissen, Kategorien der Wissensbeiträge gebildet. Das gewonnene Material ist unabhängig vom einzelnen Interview nach Themenbereichen gegliedert.

6. **Soziologische Konzeptualisierung und Generalisierung**. Es erfolgt die Generierung des Wissens durch Ablösung vom Text. Das Gemeinsame im Verschiedenen wird begrifflich gestaltet. Für die Exploration wird das umgruppierte Material im Auswertungsprozess beschrieben.

7. **Darstellung der Ergebnisse.** Auswahl des Materials. Die Einigkeit mehrerer Experten wird aufgezeigt. Exklusives Wissen der Experten wird ebenso aufgezeigt. Dies betrifft insbesondere Bedeutungszuweisungen (lange Darstellung, hohe Differenzierung etc.). Unsichere, ungenaue Angaben dagegen und Eventualitäten werden ausgelassen. Wichtige, bedeutungsrelevante Inhalte werden zitiert.

3.3 Die Auswahlkriterien

Die Auswahlkriterien für die Grundgesamtheit bzw. zur Festlegung einer Zielgruppenbestimmung an Sozialunternehmern erfolgte über deren

- Anbindung bzw. Zugehörigkeit zur Sozialen Arbeit

- öffentliche Präsenz als Dienstleistungsanbieter im Sozialen Dienstleistungssektor

- Erfahrungen in der Sozialarbeit und selbsttätige Zuschreibung der Dienstleistung zum Dienstleistungsspektrum der Sozialen Arbeit

- Tätigkeitsausübung innerhalb des Standortgebietes der Lausitz (vor bzw. während des Interviewzeitraums)

- variabler Stundenumfang. Die interviewten Sozialarbeitenden waren in Vollzeit oder in Teilzeit tätig

Die Teilzeittätigkeit nimmt im Sozialarbeitsmarkt eine besondere Rolle ein. Sie ist im Arbeitsfeld der Sozialen Arbeit, vergleichsweise zu anderen Branchen, besonders ausgeprägt und macht somit einen wesentlichen Stellenanteil in der Sozialarbeit aus.[30] Dementsprechend sollte dieser Faktor auch für Entrepreneure zu berücksichtigen sein.

Viele Selbstständige möchten mit einer selbstständigen Teilzeittätigkeit zudem ihre Unternehmerrisiken minimieren.[31] Dies vollzieht sich oftmals in der Kombination von Teilzeit (in abhängiger Beschäftigung) ergänzt durch die Selbstständigkeit. Näheres lässt sich in den Interviews erfahren.

---

[30] Bundesagentur für Arbeit, ZAV (2007)

[31] Sacco, Sylvia (2002)

4. Das Interview – Aufbau und Durchführung

Der Interviewfragebogen ist im Anhang zu finden. Sein Aufbau wird nachfolgend erläutert. Weiterhin werden die Kontaktaufnahmen mit den Entrepreneuren und die Interviewsituationen kurz beschrieben.

4.1 Der Interview - Fragebogen

Für die Generierung der Informationen wurden teilstandardisierte Interviewfragebögen entwickelt und eingesetzt. Ein Pretest wurde genutzt, um evtl. Fehlerquellen aufzudecken. Mithilfe der Teilstandardisierung sollen die Selbstständigen Optionen erhalten ihre eigenen Beiträge, Fragen und Anmerkungen zur Thematik der Selbstständigkeit beizusteuern. Insbesondere vor dem Hintergrund einer marginal erforschten Landschaft der Selbstständigkeit innerhalb der Sozialarbeit sowie auf das Forschungsfeld Lausitz fokussiert, schien genügend Flexibilität und Raum für freie Beiträge bzw. Initiativhinweise der selbstständigen Sozialarbeitenden besonders wichtig.

4.2 Die Kontaktaufnahme

Die konkrete Auswahl und Ansprache der Entrepreneure kam durch die Sichtung von Dienstleistungsofferten und anderen Hinweisen auf verschiedenen Ebenen zustande. So beispielsweise über deren Internetpräsenz, Flyer, Werbung, Aushang, Pressebeiträge, Branchenbuch, eigene Publikationen sowie auch durch Hinweise von interviewten Selbstständigen auf Kollegen im Netzwerk. Eine Eingrenzung vollzog sich über deren Zugehörigkeit zur Sozialen Arbeit (Studium der Sozialen Arbeit bzw. langjährige Erfahrungen innerhalb der Sozialarbeit bzw. Ausübung der Selbstständigkeit im Feld der Sozialen Arbeit) sowie über die geografische Lagebegrenzung der Gründung in der Lausitz.

4.3 Besonderheiten der Interviewsituationen

Zunächst einmal fällt auf, dass für die Forschung Neuland betreten wurde, zumindest was die Interviewten betrifft. Alle angefragten Sozialunternehmerinnen und Sozialunternehmer gaben an, erstmalig zu ihrer Selbstständigkeit interviewt zu werden.

Von den 26 angefragten selbstständigen Sozialarbeitenden erga-
ben sich zehn abgeschlossene Interviews. Zusätzlich wurde ein
elftes Interview innerhalb einer Partnerschaft durchgeführt. Dieses zweite Interview innerhalb der Partnerschaft dient dem ver-
tieften Verständnis und leistet somit einen wichtigen Beitrag. Für
die Auswertung dieser Studie wurde jedoch nur ein Interview
pro Gründung ausgewertet, der Transparenz und Nachvollzieh-
barkeit halber.

5. Basisinformationen zu den interviewten Entrepreneuren

In diesem Kapitel finden sich Informationen über die Selbstständigen, ihre Ambitionen zur Gründung, Details ihrer Existenzgründungen sowie weitere Fakten der Selbständigkeit. In der nachfolgenden Tabelle erhalten die Leserinnen und Leser einen ersten Überblick zu den Gründerinnen und Gründern sowie Angaben zu ihren Sozialorganisationen sowie Dienstleistungsangeboten, wie sie von ihnen selbst beschrieben wurden.

Mehrheitlich bieten die Entrepreneure verschiedene Dienstleistungsangebote für unterschiedliche Zielgruppen an.

5.1 Die Sozial – Organisationen im Überblick

In der nachfolgenden tabellarischen Aufstellung sind die Sozialorganisationen mit ihren Dienstleistungen und Zielgruppen aufgeführt.

Organisation	Dienstleistungen	Zielgruppen
CORA/1	„Ich gebe Kurse in Tai Chi und Chi Gong, in Form von Präventionskursen, von Dauerkursen, gebe auch Einzelunterricht. Im sozialen Bereich Entspannungstraining für Kinder und Jugendliche ."	„Also eigentlich alle, die bemerken, dass sie was für sich tun müssen. Egal ob körperlich oder emotional, seelisch…"(CORA S4 Z140-142) Für Menschen verschiedenen Alters (mit/ohne Förderbedarf) sowie Gruppen und Institutionen.
COSB/2	1. Teamentwicklung für Schulklassen:-Teamtraining und Persönlichkeitstraining" (COSB S6 Z2018-215). Förderung von Handlungskompetenzen, Selbstreflexion, Selbstverantwortung, Vertrauen, Gruppendynamik, Selbst- und Fremdwahrnehmung, Teamtraining. 2. Teamtraining und Coaching für Unternehmen/Mitarbeitende/Führungskräfte	1. „Das sind Schulklassen, die wir ansprechen"(COSB S6 Z184-193).Grundschulen, weiterführende Schulen, Berufsschulen, Privatschulen. 2. Zweitgründung 2004: Outdoor - Settings und Coaching für Unternehmen, Führungskräfte, Teams (COSB S9-10 Z322-360).
COAG/3	1. (…) psychosoziale Einzelbegleitung, Gesprächsführung. Auf der psychosozialen Ebene. Sterbebegleitung, Trauerreden. (AG S4 Z108-111). Prävention. Projektarbeit mit Kindern, Jugendlichen (z. Trauer.)	„Kinder, Jugendliche, Erwachsene (…) Menschen mit Beeinträchtigung, ob das geistig, körperlich oder seelisch ist." (COAG S3 Z69-70) „Ich habe 3 Säulen in meiner Arbeit. Die erste Säule ist wirklich, alles was Sterbe- und

	2. „Bei den Verfahrenspflegen, ist es so, dass die Dienstleistung darin besteht, dass ich die Rechte des Klienten unterstütze und in schriftlicher Form Stellungnahmen für das Gericht abgebe und auch an Anhörungen oder Fallkonferenzen, dran teilnehme, wenn das eine richterliche Anhörung dann ist. (COAG S4 Z129-133) 3. Und die dritte Säule war im Bildungsbereich. Da sind es Coaching von Teams." (Kita, Pflegeeinrichtungen, …) Es sind Vorträge und Referate. Und es sind komplett Workshops oder Seminare. (COAG S4-5 Z140-142)	Trauerbegleitung anbelangt, inklusive Trauerreden, für Kinder, für Jugendliche, also kein Standard. Die zweite große Säule sind alle Verfahrenspflegen." (COAG S3 Z72-101) „Und die dritte große, sind die ganzen Bildungsbereiche." (Anmerkung: Fachkräfte/Organisationen/Träger, Amtsgerichte. Bildungsangebote im Bereich: Trauer, Hospiz, Palliativ)
COHG/4	Sozialpädagogische Schwimmschule. „(…) Methoden, sowohl sozialarbeiterisch als auch psychotherapeutisch helfen mir mit Kindern und Eltern, die Ängste haben, in Kontakt zu treten." (COHG S5 Z173-177)	„Zielgruppe, angefangen bei Kindern, Erwachsenen, Anfänger im Schwimmbereich, bis hin zu Fortgeschrittenen, beeinträchtigten Menschen, körperlich, wie auch seelisch." (COHG S4 Z142-143)
COEK/5	„(..) wir sind im Bereich der Arbeitsförderung, Fort- und Weiterbildung. Das heißt, Leute machen eine Weiterbildung, um ihre Kompetenzen zu erhöhen und dann in Arbeit zu kommen. Zweite Säule ist Coaching (…) im Akademikerbereich. Ziel ist es dann die in das Unternehmen rein zu begleiten. Und bei Unternehmen, ist es Unternehmenstraining. Genau. Prozessoptimierung, Kommunikationsoptimierung" (COEK S6 Z2016-214)	„Also meine Produkte sind für die Jobcenter und Agenturen, die kaufen sich die ein. Und man könnte jetzt sagen, die Zielgruppe sind eigentlich die Kunden, die Kunden kommen ja nicht von alleine" (COEK S6 Z198)

COJM/6	„Ich bin Geschäftsführer für alles, alles was Sie da sehen" (COJM S10 Z345) Anmerkung: Dienstleistungen in der Jugendhilfe: u. a § 11, 22, 35 SGB VIII; § 54, 55 SGB XII	Angebote für Kinder in der Kinder – und Jugendhilfe „(…) Beratung, stationäre HzE, KiTa, ambulante HzE (…)" (COJM S10 Z348-349)
COBP/7	„Ich betreue Kinder (…) mit dem Konzept der Waldpädagogik. Unser Schwerpunkt liegt auf ganzheitlichem Lernen und sehr viel Bewegung und Lernen in der Natur" (COBP S3 Z63-65)	Kinder zwischen 2 und 6 Jahren, bzw. die Eltern. (COBP S3 Z61)
COSS/8	Insgesamt 5 stationäre Einrichtungen. 1. Zwei Regelwohngruppen (…). Das sind Regelangebote für Kinder und Jugendliche. 2. Und wir haben, wie gesagt den ambulanten Bereich. (…) Wo wir Erziehungsbeistand, sozialpädagogische Familienhilfe und Eingliederungshilfe anbieten. Das sind so die Hauptsäulen. 3. Nachhilfeschule zur Eingliederungshilfe (Kompetenztraining) 4. Weiterbildung für pädagogische Fachkräfte	„Also Zielgruppen ist der HzE-Bereich. Hilfe zur Erziehung (…) von § 27 bis § 34. Das sind der ambulante Bereich und der stationäre Bereich. Wir bieten aber darüber hinaus auch im SGB XII-Bereich Eingliederungshilfe an, wir haben eine kleine Nachhilfeschule, machen Coolnesstraining, soziales Kompetenztraining an Schulen und wir bieten Weiterbildungen für pädagogische Fachkräfte an (COSS S4 Z127-131)"
COHW/9	1, Berufsbetreuung: „Ich regle alle im al- ler- allerweitesten Sinne rechtlichen Angelegenheiten. In allen denkbaren Lebensbereichen der konkreten Person" (COHW S6 Z215-216) 2. Weiterbildungsinstitut für Berufsbetreuer	1. Auftraggeber ist, wie sehr oft im sozialen Bereich, ist der Staat, im weitesten Sinne und die Klienten sind Privatpersonen. 2. Berufsbetreuer (COHW 9)

COTF/10	Entwicklung von medienpädagogischen Konzepten- mit dem Fokus auf Schule und Jugendarbeit. (COTF S2 Z6)	Kinder und Jugendliche, Eltern, Erwachsene, Multiplikatoren im Bereich Kita und Jugendarbeit. (COTF S2 Z6)

5.2. Die Wege zur Selbstständigkeit

Alle interviewten Selbstständigen stammen ausnahmslos aus dem Bundesland Brandenburg und fast alle kamen in Cottbus zur Welt. Jahrzehnte später, über unterschiedliche Wege und z. T. vorausgegangenen Ausbildungen und Studiengängen, war bei allen Interviewbeteiligten die Anbindung an die Soziale Arbeit vorhanden, dem der Ruf in die Selbstständigkeit folgte.

Zwei Interviewte gründeten im Studium bzw. zeitnah nach dem Abschluss. Die Mehrzahl der Selbstständigen jedoch verfügte zum Gründungszeitpunkt bereits über langjährige Berufserfahrungen. Diese Gründungen fanden nach fünf bis zwölf Jahren Praxis im Sozialen Dienstleistungsbereich statt.

Interessant ist, dass einige Interviewte bereits Existenzgründungserfahrungen vorab ihres derzeitigen Sozialunternehmens gesammelt hatten. Diese „Erstgründungen" fanden in verschiedenen Branchen außerhalb und innerhalb der Sozialen Arbeit statt.

Weiterhin war von einigen Interviewten zu erfahren, dass sie über ihr derzeit bestehendes Sozialunternehmen hinaus, gerade eine weitere Gründung initiieren; u. a. Gründung eines Bildungs- Instituts (COHW S 2 Z45/46) einer Einrichtung der Bildung und Erziehung für Kinder im Elementarbereich (COBP S 8 Z198-204) sowie weiterhin eine therapeutische Jugendhilfeeinrichtung (COSS S 22 Z279).

Die interviewten Social Entrepreneure sind ausnahmslos gebürtige Brandenburger. Zwei Selbstständige vollzogen ihre Gründungen zeitnah zum Hochschulstudium. Die Mehrheit aber gründete nach fünf bis zwölf Jahren Erfahrungen in der Praxis.

5.3 Hohes Qualifikationsniveau und hohe Bildungsaffinität

Alle Interviewten, mit nur einer Ausnahme, hatten das Studium der Sozialen Arbeit abgeschlossen. Daneben verfügten viele Sozialarbeitende über weitere Studiengänge in anderen Fachrichtungen. Ebenso waren weitere Berufsausbildungen bzw. eine Reihe an qualifizierten Weiterbildungen vorhanden.

Insgesamt wurden von der Interviewgruppe 17 weitere Berufe/Studienabschlüsse bzw. langjährige Weiterbildungen angegeben.

Somit zeigen sich die Entrepreneure als fachlich hoch qualifizierte Dienstleistungsanbieter, die eine hohe Bildungsaffinität aufweisen und ihre beruflichen Mehrfachqualifikationen gezielt in den Dienstleistungen einsetzen.

Das hohe Bildungsengagement und das fachlich fundierte, breit angelegte Know how bereichert die Dienstleistungsangebote und dieser Nutzen kommt den Adressaten der Leistungen zugute.

Eine Übersicht aller Zusatzqualifikationen bzw. Abschlüsse findet sich im Anhang.

Die interviewten Social Entrepreneure der Lausitz sind fachlich hoch qualifizierte Dienstleistungsanbieter mit hoher Bildungsaffinität. Auf zehn Interviewte kommen 17 zusätzlich abgeschlossene Studiengänge, Berufsausbildungen oder langjährige Weiterbildungen bzw. Zusatzqualifikationen.

5.4 Erfahrungen und Rahmenbedingungen der Gründung

Die meisten Interviewten verfügen über langjährige Erfahrungen als Social Entrepreneur. Keiner der Interviewten lag unterhalb fünf Jahren Erfahrung. Durchschnittlich waren die Selbstständigen 10 Jahre und länger innerhalb ihrer Unternehmensführung aktiv.

Ergänzend sei hier angemerkt, dass einige der Interviewten mehrfach Gründungen initiierten. Nur ein Interviewter gründete schon während des Studiums und noch vor seinem Hochschulabschluss. Bei einem weiteren Interviewten fand die Unternehmensgründung ein Jahr danach statt. Im Durchschnitt kamen die meisten Gründungen zwischen fünf und zwölf Jahren nach dem Studienabschluss zustande.

Ihre Selbstständigkeit, so die Gründer, wird überwiegend in Vollzeit ausgeführt und kann teilweise recht umfangreich ausfallen. Eine Selbstständige beschreibt ihren Arbeitseinsatz als „Doppelvollzeit", mit bis zu 60 Stunden pro Woche (COSB/2).

Zwei Interviewte berichteten in den Interviews, ihre Selbstständigkeit sei für sie nicht statisch, sondern optional. Sie erzählten von ihren Optionen nach der Gründung im Team zwischen

44

Selbstständigkeit und Angestelltenverhältnis als Geschäftsführer(in) zu wechseln, um der finanziellen Vorteilen und der Sicherheit willen.

Demzufolge kam es zu mehrfachen Wechseln zwischen Selbstständigkeit und einem Anstellungsverhältnis als Geschäftsführung im Gründerteam. Diese Varianten wurden jeweils gezielt initiiert und strategisch genutzt. In beiden Fällen fanden die Existenzgründungen im Team statt. Diese Teamkonstellation machte es den Gründern erst möglich, einen Wechsel aus dem Gründerteam und Vorstand heraus, hin zur Anstellung als Geschäftsführende für den Vorstand zu vollziehen.

Die gleichberechtigte Teamzugehörigkeit, so die Interviewten, wäre in der abhängigen Beschäftigung beibehalten worden. Interessant ist, dass beide Interviewte mehrere Gründungen initiierten und somit mehrfach bzw. wiederholt als Gründer auftreten. So lässt sich aus den Beschreibungen zu den faktisch bestehenden Mitbestimmungsrechten schließen, dass in einigen wenigen Fällen jeweils die situativ und strategisch günstigere „Status - Variante" gewählt wurde.

Die interviewten Selbstständigen gaben mehrheitlich an, sie hätten innerhalb ihres Studiums keine Vorbereitung für ihre Selbstständigkeit erhalten, denn Existenzgründungen in der Sozialen Arbeit wären während ihrer damaligen Studienzeit nicht thematisiert worden. Nur zwei der Befragten berichteten, diesbezügliche Lehrinhalte bzw. Vorbereitung durch die Hochschule erhalten zu haben. Rund die Hälfte der Befragten hat sich dann später, im Rahmen der Gründungsphasen, um eine gezielte Unterstützung bemüht, Seminare besucht bzw. sich einem Existenzgründungs- Coaching unterzogen.

Die Informationen der Entrepreneure zeigen, dass die Sozialarbeitenden vorwiegend auf ihre aktive Eigeninitiative angewiesen waren und evtl. Unterstützungsangebote im Studium, zumindest damalig, nicht erfolgten. Hierbei ist zu beachten, dass der Gründungszeitpunkt der Entrepreneure in der Regel schon mehrere Jahre zurück lag und die zwischenzeitlich vollzogene Anpassung der Studieninhalte in der Sozialen Arbeit (in der Lausitz u. a. BTU Cottbus- Senftenberg) nicht berücksichtigt. Die finanziellen Mittel, welche für die Gründungen beansprucht wurden, waren tendenziell niedrig.

Die meisten Gründer, so der Trend, benötigten Kapital im eher geringeren Umfang, maximal im unteren dreistelligen Bereich. Nur ein Entrepreneur, Gründer einer Einrichtung der Kinder- und Jugendhilfe, musste mehr als 30.000 € an Gründungskapital aufbringen. Zwei Gründer kamen ganz ohne Kapital aus, zwei weitere machten hierzu keine Angaben. Insgesamt zeigt sich die Tendenz, dass für die Gründungen in der Regel kein hoher Kapitalbedarf zur Existenzgründung benötigt wurde.

Die Social Entrepreneure sind mindestens fünf Jahre selbständig. Mehrheitlich werden die Sozialorganisationen von ihnen bereits seit zehn Jahren und länger geführt. Die Interviewten arbeiteten größtenteils in Vollzeit. Fast alle Entrepreneure hatten keine Gründungsvorbereitung im Studium erhalten. Der Kapitaleinsatz orientiert sich am Sozialunternehmen, tendenziell war ein Gründungskapital im unteren dreistelligen Bereich ausreichend.

6. Die Interviewergebnisse

6.1 Herausforderungen und Probleme

Nur ein Interviewter (CORA S5 Z162) teilte mit, es gäbe keine Probleme bzw. für ihn ersichtliche Herausforderungen. Die Mehrzahl der Interviewten gab allerdings an, die Ausübung ihrer Tätigkeit sei mit einer Reihe an Herausforderungen und Problemen verbunden.

Ein Problemschwerpunkt zeigt sich zum Beispiel im bestehenden Anspruch der Entrepreneure Dienstleistungen qualitativ hochwertig und wertebasiert zu erstellen. Diesen Ambitionen stünden allerdings geringe monetäre Mittel und hohe bürokratische Hürden entgegen.

Insgesamt sind mehrere Schwerpunkte anhand der Interviews zu isolieren, die nachfolgend genauer betrachtet werden.

6.1.1 Barrieren der Direktvergütung und niedrige Kaufkraft

Eine Sozialarbeiterin reflektiert, dass sich Niedrigverdiener und sozial Benachteiligte wichtige Dienstleistungsangebote nicht leisten können. Ethische Bedenken belasten die Unternehmerin: „Zum Beispiel dass ich überhaupt im Trauma - Bereich Rechnungen schreiben muss" (COAG S5 Z146-150). Eltern, die um ihr Kind trauern und eine Trauerbegleitung aufsuchen, müssen in dieser belasteten Situation die Sozialarbeiterin und Trauerexpertin aus eigener Tasche vergüten. Trauerbegleitung ist keine Kassenleistung. Viele Bedürftige können sich jedoch, gefangen in mentalen Notlagen von Tod, Verlust und Trauer, diese Dienstleistung nicht leisten. Dieser Ausschluss kann Auswirkungen auf die Lebensqualität und die Gesundheit haben und mindert die Chancengerechtigkeit.

In den neuen Bundesländern zeigt sich die Problematik als besonders brisant, da hier nicht (wie etwa in alten Bundesländern mit hoher Konfessionszugehörigkeit) die Kirchen diese Aufgaben übernehmen. In Brandenburg sind 20% der Bürgerinnen und Bürger der katholischen bzw. evangelischen Kirche zugehörig; dagegen sind 80% nicht konfessionsgebunden bzw. in anderer religiöser Zuständigkeiten.[32]

---

32 Statista (2011)

Direkt vergütete Dienstleistungen, für die eine dringende Nachfrage besteht, werden von liquiden Adressaten in Anspruch genommen, währenddessen Niedrigverdiener und Mittellose sich die Leistungen nicht leisten können. Dieser Ausschluss belastet Selbstständige und Betroffene.

6.1.2 Finanzierung nebst Risiken

Andere Selbstständige sehen ebenfalls Probleme, allerdings in der öffentlichen Finanzierung. Es wurden Erfahrungen geschildert, wie die Auftragslage einbricht, wenn die Finanzierungszusage wegfällt: „ Es gab mal einen Stolperstein, vor etlichen Jahren, da hieß es dann mal von Seiten der Schulämter, dass Klassenfahrten nicht erstattet werden, für Lehrer, das heißt, die Lehrer müssen das aus ihren privaten Kassen bezahlen" (COSB S8 Z252-258). Die Angebote von Teamtraining und Persönlichkeitstraining für Kinder und Jugendliche waren in Gefahr wegzubrechen. Diese Problematik zeigte sich auch in anderen Bereichen.

Die sozialpädagogische Schwimmschule muss ebenfalls finanzielle Barrieren überwinden. Einerseits besteht der Anspruch Qualität durch kleine Gruppen und individuelle Begleitung zu gewährleisten, doch die Mietpreise für Schwimmhallen sind hoch: „Die Fixkosten sind dann zu hoch. Es muss ja die Bahn bezahlt werden... (…). Die Bahn beläuft sich zwischen 15 und 75€ pro Stunde. Wenn man z.B. 3 Kinder hat, vielleicht auch 2, denn großen Gruppen finden bei mir nicht mehr statt, da ich denke, da leidet die Qualität drunter. Ich begrenze meine Gruppen auf 6 Teilnehmer" (COHG S7 Z247-249).

Bilanzierend können beide Vergütungsvarianten, ob direkt oder indirekt, problematisch sein. Bei der indirekten Vergütung hängen die Entrepreneure am Tropf der Kommunen. Die direkte Vergütung kann ebenfalls an ihre Grenzen geraten, beispielsweise wenn zwar ausreichend Nachfrage besteht, diese aber aufgrund mangelnder Liquidität der Zielgruppen nicht zur Einlösung kommt. Diese Konstellation kann, auf beiden Seiten, der Entrepreneure und den potenziellen Dienstleistungsadressaten, zum Verdruss führen.

In anderen Dienstleistungsbereichen müssen die Dienstleistungsprodukte vorfinanziert werden und das Risiko bleibt dann beim Sozialunternehmen: „Das muss man alles beachten. Also, es sind ganz viele strategische Punkte, (…) muss den Markt beobachten und muss auch beobachten, von wem bin ich denn auch abhängig" (COEK S9 Z306-312). „(…) das waren um die

30.000 €, da haben Sie viel Geld vorher in die Hand genommen, um das Produkt überhaupt erst mal in die Agenturen reinzubekommen" (COS9 Z314-315). Auch im Betreuungswesen scheint die Finanzierung nicht ohne Probleme zu sein: „Ja, massig. Ressourcenprobleme im sozialen System" (COHW S8 Z285). Es wird weiter berichtet: „Dass es faktisch an allen Ecken an Geld fehlt und die andere Sache ist, dass da wo Geld ist und eigentlich auch genügend Geld wäre, es an menschlicher und fachlicher Qualität fehlt" (COHW S8 Z287-289).

Die im Dienstleistungsbereich oft bestehenden Abhängigkeiten von öffentlichen Geldern spielen auch bei anderen Entrepreneuren eine Rolle, beispielsweise in der Kinder- und Jugendhilfe: „Da hat der was vorgelegt, eine Finanzierungsrichtlinie, alle Träger haben das abgelehnt" (COJM S11 Z378-287). Eine qualitativ hochwertige Leistungserstellung, unter ethischen Gesichtspunkten, ist mit dem Thema Finanzierung eng verknüpft: „ Also wenn man mir Geld wegnimmt, ist das nicht so schlimm. Aber wenn man an meinen ethischen Grundsätzen zweifelt, dass ich für die Kinder arbeite" (COJM S11-12 Z389-402).

Es scheint, als haben ökonomische Einsparungen und dem Sparzwang geschuldete Vorgehensweisen einen beträchtlichen Einfluss auf die Selbstständigen, da diese mit ihren Idealen und Wertebestrebungen kollidieren. Ein Interviewter drückt sich so aus: „Also, wenn ich merke, dem Gegenüber geht es gar nicht mehr um die Sache, dem geht es gar nicht um die Kinder. Eigentlich können die Kinder sterben, sage ich manchmal gerne, Hauptsache er ist nicht verantwortlich" (COJM S12 Z410-412).

Ein interviewter Sozialunternehmer, der ebenfalls im Gebiet der Jugendhilfe eine Reihe an teilstationären und stationären Einrichtungen unterhält, schildert diesbezüglich seine Erfahrungen einer unzureichenden Finanzierung durch die Ämter, die diese Problematik ebenfalls hervorheben: „Und die sind natürlich, haben die Sparzwang, sind notorisch klamm, nicht ausfinanziert. Und da wird natürlich versucht, diesen Sparzwang auf uns überzuhelfen. Und das natürlich zulasten unserer Einrichtung, unserer Mitarbeiter, unserer Kinder. Das geht wirklich dann schon teilweise an die Substanz" (COSS S5-6 Z155-187).

Der Bereich der indirekten Finanzierung umfasst vielfältige Probleme, insbesondere die niedrige Vergütung im Sozialbereich. Amortisiert sich die Vorfinanzierung nicht, fallen Finanzierungen durch Gesetzesänderungen oder leere Kassen weg, kann dies existentiell sein. Die Entrepreneure streben nach Qualität, Werten und Ethik in der Dienstleistungserstellung, trotz aller Hindernisse und Barrieren.

6.1.3 Steigender Verwaltungsaufwand

Kommen wir zu einem weiteren Spektrum an Herausforderungen und Problemen. Ständig, so ein Interviewter, ergäben sich neue Entwicklungen und Auflagen, die es umzusetzen gilt. Bestes Beispiel sei das Management von Partizipation und Beschwerde: "Von Kindern, Jugendlichen, von Klienten, Klienten-Eltern (...) Und natürlich dass wir, wenn man Beschwerdemanagement und Beteiligung in Einrichtungen umsetzen will, muss ich die Kinder auch beteiligen, muss sie aufklären, über ihre Rechte, die sie haben, muss ihnen aufzeigen, wo sie sich beteiligen können, damit dann Beschwerden nicht aufkommen. Und das sind immer Sachen, die sind in dem Betreuungsschlüssel, den wir so haben, ist das nicht vorgesehen" (COSS S6-7 Z207-

233). Ein weiteres Beispiel für den enormen Druck auf die Sozialorganisationen zeigen die Änderungen bzw. Auflagen für deren Verwaltung und den Datenschutz auf:

„Und da kommt immer mehr auf uns zu, was gefordert wird. Nicht bloß jetzt vom Jugendamt, wir müssen, jetzt mal als aktuelles Beispiel, die neue Datenschutzrichtlinie, kommt ja jetzt Mitte Mai. Das heißt für uns jetzt, wir müssen jetzt einen Datenschützer bestellen, der uns im Jahr einen erheblichen Betrag kostet" (COSS S5-6 Z155-187). Aber damit sind der Herausforderungen und Probleme noch nicht genug, der Sozialunternehmer berichtet von den finanziellen und personellen Herausforderungen zum Arbeitsschutz und Auflagen, dessen Lenkung und Betreuung (z, B. Betriebsarzt und Arbeitssicherheit) in externer Vergabe erfolgt. Dem Dienstleistungsunternehmen mangelt es zudem an Personal: „Also Brandenburg hat ja dann noch, da kommen wir zum nächsten Punkt. Betreuungsschlüssel. Es ist, wir haben da ja auch die Problematik, dass wir andauernd gegen das Arbeitszeitgesetz verstoßen" (COSS S6-7 Z207-233). Der Entrepreneur resümiert: „Also das Problem, das ich habe, dass ich immer weniger Pädagoge bin, obwohl ich das sehr gerne mache, sehr gerne lebe und ich immer mehr dazu getrieben werde Betriebswirtschaftler zu sein, Manager zu sein" (COSS S5-6 Z155-187).

Auch der Waldkindergarten hat mit Verwaltungsauflagen zu kämpfen: „Ja, es ist also… Sie haben durch den Waldkindergarten ein Alleinstellungsmerkmal und haben häufig das Problem, dass Ämter nicht wissen, wie sie einen Waldkindergarten behandeln. Es kommen Auflagen auf uns zu, die wir erfüllen sollen, die aber im Waldkindergarten schwierig umsetzbar sind, wo es Sonderregelungen gibt, von denen manchmal die Leute nichts wissen" (COBP S3 Z71-78). Die Erfüllung der Auflagen bindet in der Regel Personalkapazitäten und Gelder. Beides ist nicht vorhanden. Die von den Eltern gebauten Spielgeräte müssen einer TÜV- Abnahme standhalten. Das Waldkinderzentrum muss ein eigenes Waldgelände ausweisen, zudem auch Zäune. Das Forstamt hat die Zuständigkeit eingestellt, ein Gutachter muss beauftragt und der Prozess von der Leitung begleitet werden. Alles muss finanziert werden, doch gerade an daran mangelt es: "Und ein anderes Problem ist sicherlich, was ganz viele Einrichtungen haben, dass mit dem Personalschlüssel eigentlich kaum die Arbeitszeit abzudecken ist und der Bedarf oder der Auftrag, den wir erfüllen sollen, kaum zu leisten ist" (COBP S4 Z86-97).

Schließlich ist noch die Medienpädagogik nicht zu vergessen. Die Zusammenarbeit mit Stiftungen und die Wünsche der Förderer nach Öffentlichkeitsarbeit gestalten sich schwierig, denn der Arbeitsaufwand mit mehreren Förderern sei immens (COTF S3 Z2).

Die als defizitär bis mangelhaft skizzierte Finanzierung sozialer Dienstleistungen ist dienstleistungsübergreifend über verschiedene Aspekte und Beispiele geschildert worden. Die Entrepreneure leiden unter den Belastungen, ihre Dienstleistungen trotz defizitärer Rahmenbedingungen für ihre Zielgruppen individuell und qualitativ hochwertig zu erstellen. Dies wurde fast durchgängig thematisiert. Auch der abnehmende Stellenwert von Humanismus gegenüber dem Bürokratismus, welches in den Auswirkungen zum täglichen Spagat für die Einrichtungen wird, tritt als Spannungsverhältnis gleich mehrfach auf. Der Begriff Humanismus wird mit der aktuellen Begrifflichkeit, in der Tradition der europäischen Aufklärung gebraucht. Er bezeichnet Menschlichkeit, Freiheit, Toleranz und Respekt vor anderen

Menschen. Die Menschenwürde und die freie Persönlichkeits-entfaltung und Gestaltung des Lebens und der Gesellschaft stehen im Vordergrund.[33]

> Die Social Entrepreneure schildern eine Reihe an unterschiedlichen Herausforderungen und Problemen. Insbesondere sind dies die Themen: Finanzierung, Personalschlüssel, hohe Auflagen, wachsender Verwaltungsaufwand und die Dominanz betriebswirtschaftlicher Themen zu Lasten der fachlichen Tätigkeit und der Qualität der Dienstleistungen.

6.2 Multilaterale Kooperationen

Die Probleme sind vielfältig, auch in der Pflege. So berichtet eine Dienstleistende: „Mit den direkten Dienstleistungen. Mitunter bei den Verfahrenspflegen, das Nichtverständnis von Angehörigen. Weil die wollen die Sicherheit sehen, die verstehen jetzt nicht, dass es nicht gut ist, wenn jemand lange liegt. Die Angehörigen sehen, oh, da kann der nicht stürzen, dann ist er vermeidlich sicher" (COAG S5 Z160-163). Die Sozialarbeiterin setzt

---

[33]Lexikon der Philosophie im Internet (o. J.)

sich für die Patienten ein und wirbt in der Kooperation mit den Angehörigen um Einsicht für eine freiheitsgebende und maximal notwendige Fixierung. Doch die Konfliktbereiche existieren in mehrfacher Hinsicht, sie beziehen sich unter Umständen auch auf das Pflegepersonal als Kooperationspartner. Freiheitsentziehende Mittel werden in der Praxis gegenüber den Bewohnern aus Not angewandt, da der Pflegepersonalschlüssel keine Alternativen zulässt. Dies bedeutet, dass die Fachkräfte zur Umsetzung ihrer Aufgaben die freiheitsentziehenden Mittel drastisch anwenden müssen. „Pflegefachkraftquote in der Nacht, das ist in ganz Deutschland (…) 52 Bewohner auf eine Pflegefachkraft. Da brauchen wir nicht mehr über mechanische oder chemische Fixierung reden" (COAG S5 Z175). Die Herausforderungen der Entrepreneurin manifestieren sich im vielfachen Spagat. Ihr Einsatz zum Schutz der Freiheit vollzieht sich über die Grundrechte der Patienten. In der Kooperation mit den Angehörigen wird die Sorge um die Sicherheit der Patienten thematisiert und deren Rechte. Schließlich folgt die Kooperation mit dem in der Regel personell unterbesetzen Pflegepersonal, welches am Limit seiner Kraft arbeitet und mit dem Verhandlungen über die Fixierungsmaßnahmen zu führen sind.

Mit allen Beteiligten im Dialog sein, um parteilich qualitativ hochwertige Dienstleistungen für die anvertrauten Menschen umsetzen zu können, davon berichtet auch eine andere Entrepreneurin.

In diesem Fall ist die Kooperation zu den Lehr – und Bezugspersonen der Schüler essentiell wichtig zur Dienstleistungserstellung (u. a. Gruppendynamik, Teamentwicklung, konstruktive Prozessverläufe, etc.). Unkooperatives Verhalten zwischen Lehrenden und der Sozialunternehmerin kann deshalb problematisch sein: "Also das ist die hohe Kunst, den Lehrer mit ins Boot zu holen. Zuerst, um zu sagen, hey, für diese Woche, sind wir hier quasi Kollegen und wir unterstützen dich und wir gucken, dass wir deine Klasse ein Stück vorwärts bringen" (COSB S7 Z233-245). Ohne diese Mitarbeit, hier von Lehrerin und Lehrer der Klasse, sind Teamentwicklungsprozesse und Problembewältigung innerhalb der Klasse unmöglich.

Der Sozialunternehmer im Dienstleistungsbereich „Arbeitsförderung, Fort - und Weiterbildung" schildert die Herausforderungen durch den großen Konkurrenzkampf, welcher Kooperationen entgegen wirkt:

„Man kommt in einen Konkurrenzkampf rein (…) Dass wir zu Leuten hingehen, zu Vermittlern und sagen, Mensch wussten Sie? Und die sind ganz erschrocken und fragen, seit wann sind Sie in Cottbus?" (COEK S8 Z259-272).

Hier ist der Hintergrund, dass gute Dienstleistungsqualität von den Job- Agenturen eher nicht weitergegeben wird, denn die Konkurrenz könnte profitieren. „Gebe ich das Produkt an die anderen weiter, kommen die zwar auch an Arbeit, aber innerhalb beginnt ein Existenzkampf. Das heißt die anderen Vermittler werden vielleicht auch so gut, weil die auch ihre Leute dahin schicken" (…) Das heißt, es gibt ein internes Ranking auch und das ist das, was wir auch merken" (COEK S9 Z287-289).

Stete, multivariante Kooperationsaktivitäten, mit verschiedenen Anspruchsgruppen, bilden die Voraussetzung für viele Entrepreneure zur optimalen Dienstleistungserstellung. Aber auch Kooperationsvermeidung zu Partnern als etwaigen Konkurrenten, bedingt durch den Wettbewerb, ist ein Thema..

6.3 Chancen und Optionen

Die Hälfte aller Interviewten war der Meinung es bestünden keine besonderen Chancen oder Optionen in der Lausitz, welche sich positiv auf ihre Selbstständigkeit auswirken. Die Opposition, ebenfalls 50%, sah dies anders und verwies auf Chancen und Optionen, die ihrer Meinung in der Region der Lausitz durchaus vorhanden wären. Teilweise wurde aber auch sehr sensibel auf die Standortfrage reagiert und die Region verteidigt.

Eine Entrepreneurin (direkte/indirekte Entgeltvergütung) meint: „Das ist eine Fremdwahrnehmung von anderen, dass hier braches Land wäre. Das ist nicht meine. Nein. Und Klienten gibt es genug" (COSB S.10 Z250 – 253). Die genannten positiven Einschätzungen der Social Entrepreneure werden unterschiedlich begründet: "Und in Cottbus sind sie (Anmerkung: die Standortfaktoren) immer gleichbleibend gut, so wie eigentlich schon seit 20 Jahren hat sich da also eigentlich in dem Sinne positiv … dargestellt und ist es immer noch" (COHW S. 14. Z345 – 347.)

Die Sozialunternehmerin, die für ihre erlebnispädagogischen Angebote den nahen Spreewald nutzt, sieht ihren Standort (in der bundesweiten Perspektive) als Alleinstellungsmerkmal:

"Ja, der Spreewald ist natürlich auch ein Magnet, also ob das jetzt, in irgendeinem kleinen Dörfchen mache, was keinen Status hat, keinen besonderen. Oder ob ich den Spreewald nutze, hat natürlich marketingtechnische Vorteile" (COSB S11 Z292-294).

Ein Interviewter berichtet, gerade dieser Standort berge großes Potenzial für sein Unternehmen, da z. B. Chi Gong im Osten weniger etabliert sei, als im Westen. „Und der Raum Cottbus bietet mir die Chance, dass ich einer der wenigen bin, fast ein Alleinstellungsmerkmal habe, der sich mit den Dingen beschäftigt" (CORA S6 Z201-2016). Doch auch andere Kategorien zeichnen, so die Interviewten, den Standort als begünstigend aus: „Im Landkreis Spree-Neiße ja. Weil dort eine sehr große Vertrautheit im Miteinanderarbeiten ist. Und dadurch wirst du oft weiterempfohlen. Sprich Jugendamt, Eingliederungshilfe" (COAG S7 Z235-242).

Einen weiteren Vorteil sieht ein Entrepreneur in den ansässigen Vermittlungs- u. Vertriebszentren, welche ihm Synergieeffekte eröffnen, da seine Zielgruppen dort schon angesprochen werden für seine Weiterqualifizierungen und Kurse zur Wiedereingliederung in den Arbeitsmarkt (COEK S10 Z352-356). Dies ist aber nicht der einzige Vorteil für ihn, denn er führt weiter aus: „Na, und die zweite Chance, positiv, wie sich für mich das anhört und für andere negativ, ist die hinzukommende, zukünftige hohe Arbeitslosigkeit, die entstehen wird" (COEK S11 Z367-368). Eine Entrepreneurin berichtet über den Fördermittelfonds zur Förderung ländlicher Räume, über die sie eine Zuwendung erhielt. Eine wichtige Unterstützung, so die Interviewte (COBP S6-7 Z163-168).

Das Brandenburg insgesamt und die Region Cottbus weniger dicht besiedelt sind, kann auch vorteilhaft gesehen werden: „Da wir in der Region Cottbus umgeben sind von viel Fläche. Wir sind nicht so gedrängt wie in Berlin. Entspannt sich hier. Wenig Konkurrenz" (COTF S3 Z7).

> Rund die Hälfte der Interviewten sieht Chancen, die ihnen die Region bietet. So z. B. ein gutes Miteinander mit den Einwohnern, intakte Kooperationen und ein gutes Netzwerk auf der fachlichen Ebene. Die regionale Lage bietet viel Raum und landschaftliche Anziehungskraft, geringe Mieten sowie wenig Konkurrenz. Die übrigen Entrepreneure sehen keine Unterschiede zu anderen Regionen.

6.4 Come together der Selbstständigen

Grundsätzlich schienen die Interviewten ihren Angaben nach alle über wenig freie Zeit zu verfügen. Trotzdem, die Befragten haben Kontakt zu anderen Selbstständigen und dies in unterschiedlicher Intensität und in verschiedenen Kontexten. Sehr viele Kontakte zu anderen Selbstständigen (auch branchenübergreifend) wurden auf der privaten Ebene geführt. Einige haben darüber hinaus noch umfangreiche Kontakte zu anderen Entrepreneuren über ihren beruflichen Kontext bzw. über Netzwerke, denen sie sich angeschlossen haben. Was motiviert die Entrepreneure Kontakt zu anderen Selbstständigen zu halten und diesen zu pflegen? Der Austausch mit anderen Gründern sei wichtig, dies ist die übergreifende Message von allen Interviewten. Konkret argumentieren die Social Entrepreneure: „Finde ich auch ganz wichtig, weil andere Selbstständige meine Probleme auch viel eher verstehen, als jetzt jemand, der angestellt ist" (COSB S12 Z412-418). Weitere Statements sind:

„Weil wir uns bereichern" (COAG S7 Z228-230); „Also, weil das auch Freunde sind (…) (COHG S9-10 Z322-329); „Ja, man kennt sich ja aus der alten Zeit" (COJM S17 Z609); „Weil diese Ängste und Sorgen, die man manchmal hat, die teilt man natürlich immer besser, mit jemanden, der im gleichen Boot sitzt" (COSS S10 Z345-354); „Ja, natürlich. Ja, es gibt Freunde. Man hilft sich. Ein Freund stellte uns erst Räumlichkeiten zur Verfügung. Man sitzt im selben Boot" (COTF S3 Z6).

Trotz notorischer Zeitnot sind die Entrepreneure im Austausch mit anderen Selbstständigen. Vielfach vermischen sich dabei die privaten und beruflichen Ebenen. Der gemeinsame Austausch und die Anbindung wird als bereichernd erlebt, da er Problemlösungen fördert, Ängste und Sorgen minimiert und eine gegenseitige Unterstützung erfolgt.

6.5 No return – Rückkehr ausgeschlossen

Die Mehrheit aller Befragten konnte sich eine Rückkehr in ein Angestelltenverhältnis nicht vorstellen. Teilweise reagierten die Interviewten geradezu aufgebracht:" „Nein. Da müsste Pest und Cholera auftreten! Nein" (COAG S8 Z285-286). „Auf gar keinen Fall! (COSB S14 Z492); „oder „In wie viel Sprachen darf ich das sagen, das Nein?" (COHW S12 Z436) bzw. „Niemals" (COHG S11 Z380)

Aber auch andere Meinungen waren präsent. So sprachen sich zwei Interviewpartner für die Vorteile eines Angestelltendaseins aus, mit all den damit einhergehenden Vorteilen: „Ja, genau. Es hat ja so seine Vorteile, ein regelmäßiges Gehalt zu bekommen, eine Arbeitslosenversicherung zu haben und all diese Geschichten, eine Krankenversicherung, mit der ich alt werden kann. Es gibt da ja verschiedene Vorteile, die… Ich kenne einige Selbständige, die ich nicht beneide" (COJM S19 Z680-683).

Einer der Entrepreneure kam nach seinem „Nein" ins Nachdenken und durchdachte eine mögliche Variante, um dann aber seine Ablehnung zu wiederholen: „Nein. Wenn dann mal in meinem eigenen Unternehmen als Angestellter, aber nein" (COEK S14 Z481).

Die Mehrheit der Entrepreneure schließt eine Rückkehr in ein abhängiges Beschäftigungsverhältnis für sich aus. In zwei Fällen sind die Befragten geteilter Meinung, hier wird eine Anstellung gerade vor den Aspekten Absicherung der Rente und im Krankheitsfall positiv gesehen und nicht unbedingt ausgeschlossen.

7. Spezifische Erkenntnisse

7.1 Social Entrepreneure sehen optimistisch in die Zukunft

Aufgrund des qualitativen Forschungszugangs und der offenen, teilstrukturierten Interviewfragebögen konnten eine Reihe an interessanten Informationen gewonnen werden, die ausgewertet Trends und Tendenzen der Entrepreneure aufzeigen.

So berichteten ausnahmslos alle Interviewten der Lausitz über ihre besonders hohe Verbundenheit und Wertschätzung gegenüber der Region.

Dementsprechend positiv und selbstbewusst und positiv fallen auch die Einschätzungen der Interviewten zur Zukunft ihres Unternehmens aus und dies trotz aller vorhandenen Problematiken. Diesbezüglich hatten die Interviewten ausschließlich positive Rückmeldungen gegeben. Die Einschätzungen der Entrepreneure gehen von: „rosig- blendend" (COHG S8 Z265-272), "Na rosagoldig" (COJM S13 Z455) und "Rosa- Rot" (COHW S9 Z323-325) bis hin zu: "Gut" (COEK S9 Z317) und „Positiv" (COTF S3 Z3). Dennoch lassen sich bei diesen optimistischen Beurteilungen auch nachdenkliche Sätze herausfiltern: „Ja, passiert mit mir was, hat es sich erledigt und das kann ja mal sehr überraschend kommen, aber solange ich arbeitsfähig bleibe, geht das bestens" (COHW S9 Z323-325).

Trotz der positiven Zukunftsperspektiven verweisen die Entrepreneure auf ihre Belastungen „(…) In der vorgeschriebenen Zeit ist das alles nicht zu bewältigen. Und das baut einen unglaublichen Druck auf und wie lange ich dem persönlich standhalte, weiß ich einfach noch nicht. Ansonsten, der Bedarf ist da und die Eltern sind auch zufrieden (…)"(COBP S4-5 Z100-111). Eine andere Interviewpartnerin, in drei differenten Dienstleistungsbereichen ihre Dienstleistungen anbietend, wird extrem stark nachgefragt und resümiert zum Schluss: „Aber ich bin nicht die 112… Oder Verfügbarkeit, telefonisch am Wochenende" (COAG S6 Z203-208).

Ihren Optimismus und ihre Zuversicht für die Zukunft ziehen die Entrepreneure aus ihren Werten und Vorstellungen der Dienstleistung von und für Menschen. Die Entrepreneure sind bestrebt Positives zu bewirken:

„Ich möchte, dass wir ein attraktiver Arbeitgeber sind, dass die Leute, die bei uns arbeiten, das die Spaß haben an ihrem Job, dass die gern zu uns kommen, dass es den Kindern gut geht, dass wenn ich in die Einrichtung gehe, dass ich da lachende Kinderaugen sehe, dass ich da ich bei jedem einzelnen auch Entwicklung sehe. Dass wir genau diese Herausforderungen, die jetzt kommen, dass wir das schaffen" (COSS S8 Z267-277). Eine Interviewte resümiert: „Also der Bedarf ist da, wir haben unglaublich viel Nachfrage (…)" (COBP S4-5 Z100-111).

> Trotz aller Belastungen und Problematiken sehen die Social Entrepreneure der Zukunft ihrer Sozialorganisation positiv und optimistisch entgegen.

7.2 Besondere Heimatverbundenheit der Social Entrepreneure

Alle Entrepreneure, ohne Ausnahme, berichteten über ihre besondere Heimatzugehörigkeit. Diese Verbundenheit der Sozialarbeitenden war ausschlaggebend für eine regionale Gründung, gefolgt von einer Reihe an rein sachlichen, pragmatischen Argumenten. „Also die besonderen Bedingungen der Gründung (…) vor Ort die Notlagen gesehen haben, viele Notlagen, die es hier gab, vor Ort" (COJM S16 Z571-575). Eine der Interviewten erklärte: „Ja, die erste, also die Gründung mit der Tagespflege, das war 2003 und ausschlaggebend war eigentlich, dass ich mich entschlossen hatte, hier in der Lausitz zu bleiben, weil ich hier sehr verwurzelt bin" (COBP S5 Z117 121). Dieselbe Interviewte dann zu ihrer zur zweiten Gründung: „(…) dann 2010, der Waldkindergarten. Also es war einfach eine Folgerung aus der Tagesmuttertätigkeit, weil einfach die Nachfrage immer wieder höher wurde" (COBP S5 Z123-12). Ein Sozialunternehmerkollege stellt ebenfalls fest: „Es war erstmal die Heimatverbundenheit, die eine Rolle spielt und natürlich, dass man das Netzwerk kennt. Und das ist, glaube ich, ganz entscheidend, wenn man sich selbstständig machen will, als Privatgewerblicher" (COSS S9 Z300-306). Ein anderer Interviewter nannte es „familiäre Verbundenheit", die für ihn den Standort festlegte (CORA S5-6 Z174-182). Diese „Verbundenheit" prägt alle Entrepreneure, die interviewt wurden. Neben einem einfachen: "Ich wohnte hier" (COHW S10 Z330) wurde in den Antworten immer wieder das Wort „Heimat" und „Heimatverbundenheit" genannt (COSB S8 Z284-286; COAG S7 Z216; COHG S9 Z295-298; COEK S10 Z325; COSS S9 Z300-306; CORA S5-6 Z174-182).

Das Sozialunternehmen genau hier, in der Heimat, zu gründen, wird ebenso wiederholt mit ethischem Verantwortungsbewusstsein begründet: "Das heißt, ich könnte mein Gewerbe wahrscheinlich überall machen, aber aufgrund dessen, dass es heimatnah ist, ist die Sinnhaftigkeit da, dass ich hier auch die Menschen erreiche und dass der Bedarf einfach da ist, in der Region" (COEK S10 Z325). Weiterhin seien die regionalen Verbindungen und Netzwerke wichtig. Die Kenntnisse über die Szene vor Ort sowie die darauf basierenden Bedarfe, gaben teilweise den Anstoß zur Gründung. Ein Team gilt als tragfähige Brücke für die Gründung in der Sozialen Arbeit: „ Also die besonderen Bedingungen der Gründung, waren in erster Linie, dass Sie (Sozialarbeitende) fachlich versiert waren und vor Ort die Notlagen gesehen haben, viele Notlagen, die es hier gab, vor Ort. Dann dass Sie die Szene gekannt haben und dass Sie in Verbindung waren mit anderen Fachkräften, die das ebenso wahrgenommen haben, die auch tatkräftig was tun wollten" (JM S16 Z571-575).

Zusammenfassend war für die Lausitzer Entrepreneure die Gründung in der Heimat so wichtig, weil sie in erster Linie eine Verbundenheit zur Lausitz verspüren. Ebenfalls war die Anbindung an vorhandene Netzwerke relevant, ebenso wie die Kenntnisse über Land, Leute und Strukturen zu nutzen. Vor diesem Hintergrund war eine gewisse Stabilität und Ressourcennutzung gewährleistet. Insgesamt stehen alle Interviewten dem Standort der Lausitz tendenziell positiv gegenüber. Wenn sie aufgefordert wurden diesen kritisch zu hinterfragen oder auf Nachteile hin zu reflektieren, fanden sich fast keinerlei Argumente gegen die Lausitz. Das einige Interviewten mehrere Sozialdienstsparten betreiben bzw. mehrfache Gründer sind, untermauert diese Einstellung.

Die Interviewten gründeten ihre Sozialunternehmen in der Lausitz in erster Linie aus Heimatverbundenheit, gefolgt von praktischen Gründen wie Regionalkenntnisse, Vorhandensein von Netzwerken und familiärer Anbindung. Gründe gegen eine Selbstständigkeit in der Lausitz gibt es nicht, einige Optimierungen wären jedoch begrüßenswert.

7.3 Die Strukturarmut der Region ist kein Hindernis

Zu „besondere Herausforderungen für selbstständige Sozialarbeitende in der Region der Lausitz" ergab sich wenig Konkretes aus Sicht der Befragten. Die Mehrheit der Interviewten sah keine besonderen Herausforderungen für Gründer innerhalb der Sozialen Arbeit in der Region der Lausitz, bzw. verwies diesbezüglich auf die allgemeinen und insgesamt vorhandenen Herausforderungen für Selbstständige im Sozialbereich. Nur ein Befragter sah eine Benachteiligung für sein Sozialunternehmen. Der Entrepreneur wies auf die geringe Kaufkraft in der Region hin und die damit verbundenen Grenzen für seine selbstständige Existenz. Da er allerdings sein Unternehmen in Teilzeit führe, sei dies für ihn tolerierbar (COHG S9 Z304-304-315 Als verbesserungswürdige Aspekte wurden von einer Gründerin die ungenügende Internetverfügbarkeit (COBP S6 Z141), lange Wege und keine öffentliche Verkehrsanbindung (COBP S5 Z132-136) genannt. Die Gründerin bewertete diese aber als punktuelle verbesserungswürdige Problematiken, denn Gründe gegen den Standort gäbe es nicht, zumal ihrer ersten Gründung eine zweite folgte.

Eine weitere Entrepreneurin berichtete von damalig bestehenden Akzeptanzproblemen bzw. mangelnder Toleranz der ansässigen Bevölkerung gegenüber ihren noch unbekannten Konzepten, welche damalig in der Region auf Widerstand stießen. Beispielsweise wurden von ihr angefragte Dienstleistungen verweigert und eine Aussichtsbehörde zur Überprüfung bzw. Kontrolle zitiert (COSB S13 Z324-346). Es handelte sich hierbei allerdings um damalige Akzeptanzprobleme bei der Unternehmensgründung, die nunmehr, den Bemühungen der Entrepreneurin geschuldet, der Vergangenheit angehören. Diese Problematiken, ebenso wie ungenügende Internetverfügbarkeit oder defizitäre Nahverkehrsverfügbarkeit werden von den Interviewten nicht direkt dem Standort zugerechnet, da so die Aussagen, diese Phänomene bundesweit vorkommen. Im Umkehrschluss kann dies bedeuten, dass die Gründer sich gut über die regionalen Gegebenheiten informierten und diese mit ihren Ansprüchen abglichen hatten. In dieser Untersuchung finden sich sehr heterogene Organisationen mit stark unterschiedlichen Dienstleistungsangeboten. Trotz dieser Unterschiedlichkeiten und der Individualität der Selbstständigen gab es viele Übereinstimmungen bzw. eine hohe Übereinstimmung in den Antworten der Interviewgruppe.

> Die Entrepreneure sehen mehrheitlich in der Strukturarmut der Region keine Hindernisse für ihre Tätigkeit.

7.4 Gegensteuerung mit der Ziel der Veränderung

„Würden Sie von sich sagen, Sie haben ihre Leidenschaft zum Beruf gemacht?", so die Frage, die zu einer Fülle an interessanten Antworten und Einblicken in das Leben der Gründer und deren Motivation führte. Ein Interviewter beantwortet diese Frage mit dem Wandel in seiner beruflichen Identität. Der Vergangenheit als abhängig Beschäftigter in der Sozialarbeit kann er nur ein bedingtes, temporäres „Ja" zugestehen. Aber sein Sozialunternehmen, mit den von ihm eigens gesteckten Zielen, dies sei seine Berufung. Die Antworten der Interviewten beinhalten oft den beruflichen Verlauf. Beispielsweise den grundständigen Einsatz in der Sozialen Arbeit in verschiedenen Bereichen bis zum Aufstieg, z.B. in einer staatlichen Institution als Leitungsposition mit Führungsverantwortung.

Im einigen Interviews kommen Erkenntnisse zum Ausdruck, die den Alltag Sozialer Arbeit mit hohen Belastungen, weitreichende Entscheidungen zeitnah und unter Druck treffen zu müssen und das Leid, das abends nicht abgestreift werden kann, wiederspiegeln. Ein Interviewter gibt an, es sei für ihn keine reine Kopfentscheidung gewesen, die den Anstoß zum Ausstieg und den Einstieg in die Selbstständigkeit auslöste: „Und dann habe ich gesundheitliche Probleme gekriegt und habe gesagt, Mensch, jetzt musst du gucken, dass du das Ding wieder irgendwie aus dem Dreck ziehen kannst, so gesundheitlich" (CORA S1-2 Z26-51).

Bei einigen Sozialunternehmensgründungen gab eine hohe Frustration im Beruf den Ausschlag zur Gründung eines eigenen Sozialunternehmens. Drei Beschreibungen illustrieren diesen Umstand. „Nie Zeit, nie Raum für wichtige Themen zu haben" (COAG S2 Z25 - 28) war ebenso für die Interviewten ein Belastung wie "(…) die Enttäuschung aus der Sozialen Arbeit im Bereich der vollstationären Hilfe" (COEK S. 3 Z70 - 71) bzw. die Flucht aus dem Zwangskontext und die Problemzentriertheit der Sozialarbeit (CORE S4 Z86 – 89).

In der Konsequenz bauten diese Entrepreneure auf Sozialunternehmen mit Dienstleistungen abseits der Zwangskontexte. Hier spielt die Eigenmotivation der Dienstleistungsnehmenden, deren Selbstanmeldung und die Direktvergütung eine Rolle. Ebenso werden Leistungen vermehrt mit dem Fokus auf Prävention angeboten. Ein Social Entrepreneur zu seiner Arbeit: „Ich glaube, das ist auch eine niedrigschwellige, vielleicht die niedrigschwelligste Form der Sozialarbeit" (CORE S14 Z371 – 376).

> Über hohe Belastungen und negative Erfahrungen berichteten die Interviewten betreffend ihrer Sozialarbeitstätigkeiten im Angestelltenverhältnis. Eigene Ideen, neue Konzepte und Zugänge zur Umsetzung Sozialer Arbeit brachten dann die Veränderung, indem der Weg in die Selbstständigkeit eingeschlagen wurde.

7.5 Leidenschaft mit dem Ziel „Gutes zu tun"

Die Interviews brachten sehr interessante sowie auch überraschende Einblicke zur Motivation, Einstellung und zum Selbstverständnis der Social Entrepreneure. Die Mehrheit der Interviewten äußerte sich positiv zum damaligen Gründungsgedanken und präsentierte ein Spektrum an Begründungen, vielfältigen Motiven und Hintergründen für den Schritt in die Selbstständigkeit mit ihrem Unternehmenskonzept.

Die Beweggründe der Sozialarbeitenden, sich im Sozialsektor selbstständig zu machen, waren vielfältig. Insgesamt sprachen die Interviewten sehr emotional und leidenschaftlich über ihre Existenzgründungsmotivationen. So wurde die Gründung und die Selbstständigkeit als Passion bezeichnet (CORA S3 Z75-84). Oder es war die Freude an der Arbeit mit den Menschen, ihnen zu helfen und Gutes zu tun (COSB S3 Z93-98). Selbstständig zu sein mit dem eigenen Konzept und der Mensch im Mittelpunkt, denn „(…) ich habe einfach ganz gerne mit Menschen zu tun" (COHG S3 Z80-84). Eine Interviewte brachte es ihrerseits auf den Punkt, was sie persönlich zur Sozialen Arbeit und Selbstständigkeit führte, über die Feststellung eigener Erfahrungen und Lebensbewältigung, welche sie zusammenfasst als „Das eigene Leben" (COAG S2 Z36). Andere Ausgangspunkte hatten Sozialarbeitende, die ihre damaligen Leitungspositionen im Angestelltendasein auflösten, um in der Selbstständigkeit die direkte Arbeit mit Menschen wieder in den Mittelpunkt zu stellen.

Über die Interview - Fragen kam es bei Interviewten scheinbar zum Wiederaufflammen einer grundsätzlichen Positionierung gegen das abhängige Arbeitsverhältnis in der Sozialarbeit, welches sie verlassen hatten. Ihr Blick richtete sich hin zur eigenen Sozial Organisation mit dem Bestreben einer individuell reformierten Sozialarbeit. In einigen Fällen (u. a. COHG S3 Z80 – 108; CORA S3 Z75-84; COHW S3 Z99-101) wurde unmissverständlich und sehr direkt darauf hingewiesen, dass die Selbstständigkeit initiiert wurde, um strategisch neue Wege in der Sozialarbeit zu gehen, zur Umsetzung von eigenen, konkreten Vorstellungen. Als Beweggründe für die Gründung wurde die Abkehr von Zwangskontexten, die damalige berufliche Unzufriedenheit und die hohen Belastungen in der Sozialarbeit thematisiert (CORA S3 Z86-89, COEK S5 Z142-144).

Den Gründungskonzepten ist zu entnehmen, dass eine Reihe der Gründer bewusst ein vielfältiges Dienstleistungsspektrum initiierte. Die Gründerinnen und Gründer identifizieren sich mit den eigenen Konzepten und möchten vielfältigen Ansprüchen und Vorgaben gerecht werden. Mit einem breiten Leistungsspektrum minimieren sich selbstverständlich die Risiken, indem sie viele Zielgruppen ansprechen. Vielfach wurde der Ausstieg aus dem Korsett eines abhängigen Sozialarbeitsverhältnisses gewählt um die Verwirklichung von Gründungsideen in der Verquickung von individuellen Wünschen und Vorstellungen und unter Nutzung der Studieninhalte der Sozialen Arbeit umzusetzen.

Gegründet wurde sowohl in den klassischen Arbeitsgebieten der Sozialen Arbeit als auch in davon abweichenden Bereichen, indem neue Dienstleistungsangebote kreiert wurden, welche in

Affinität zu den Methoden und Konzepte Sozialer Arbeit stehen. In den Gründungsbereichen, die von den klassischen Feldern der Sozialen Arbeit abweichen, wurden gezielt die klassischen Methoden und Konzepte der Sozialarbeit mit der Entwicklung neuer Ideen in der Sozialen Arbeit verwoben.

Fast alle Interviewten (eine Ausnahme) sagten von sich, sie hätten ihre Leidenschaft zum Beruf gemacht.

Ihre Gründungen erfolgten um vorhandene Neigungen, Wünsche und Ideen zu verwirklichen. Gleichfalls fanden sie in der Gründung die Lösung, um die als negativ empfundenen beruflichen Aspekte in ihrer bislang betriebenen Sozialarbeit zu kappen. Ein Interviewter betrachtet dies fast existenziell, er sei Freidenker, der Dinge verwirklichen will (COSS S2-3 Z66-71).

Die Entrepreneure berichteten, dass mit der Gründung des Sozialunternehmens, das tradierte Sozialarbeitskonzept, wie es beruflich erlebt wurde, von ihnen in vielerlei Aspekten korrigiert und konzeptionell neu angepasst wurde, z. B. Dienstleistungsangebote auf der Basis fernöstlicher Wissenschaften. Das fernöstlich basierte Dienstleistungsprodukt stellt Synergien zwischen tradierten Konzepten der Sozialarbeit und diversen Gesprächs –

und Entspannungs- Methoden mit unterschiedlichen Zielgruppen (präventiv, kurativ und nachsorgend) her. Diese finden in einem Konzept der Kommunikation und Interaktion, Gruppendynamik und in dem Angebot langfristiger Zugehörigkeit innerhalb der Gruppe und zum Anbieter statt.

Zielgruppen übrigens, so der Interviewte, die freiwillig zu diesem Angeboten finden und bereit sind, diese Dienstleistungen auch monetär zu vergüten. In vielen Fällen wurde mit der Existenzgründung die Brücke geschlagen zur Verschränkung der eigenen Idee bzw. Wunschvorstellungen und der offensichtlichen Nachfrage von potenziellen Dienstleistungsnehmern. Teilweise schildern die Interviewten den Übergang zur Selbstständigkeit als fließenden Prozess (COBP S2 Z42-44, COSS S3 Z74-90; COHM S3 Z96-97; COTF S2 Z2).

Allein ein Social Entrepreneur (COHW S3 Z78) sah seine Selbstständigkeit in einer rein technischen Betrachtungsweise.

Allerdings resümiert eine Entrepreneurin heute, dass sie aufgrund ihrer Erfahrungen eher kontrovers zur damaligen Gründung stünde. Sie sei frustriert und würde von einer Gründung in ihrem Dienstleistungsbereich eher abraten, aufgrund der hohen strukturell bedingten Belastungen und Anforderungen, die ein sehr hohes Engagement bedürfen „(...) und ich denke, es ist manchmal schon nicht mehr zumutbar" (COBP S7 Z189 - COBP S8 Z207-209).

Fast alle Interviewten brennen leidenschaftlich für ihre Ideen und ihr Unternehmen, aber auch für die Optimierungen von Rahmenbedingungen und Inhalten. Die Interviewten haben ihre Konzepte aufgrund ihrer Erfahrungen und Ansprüche optimiert. Bei einigen Dienstleistungsangeboten zeigt sich der Trend die Konzepte und Methoden der Sozialen Arbeit mit alternativen Angeboten zu verbinden. Die Entrepreneure (eine Ausnahme) bekräftigen,, sie hätten ihre Leidenschaft zum Beruf gemacht.

9. Worauf Social Entrepreneure stolz sind

Die folgenden Informationen und Selbstbeschreibungen der Selbstständigen zeichnen quasi eine Erfolgsgeschichte ihrer Sozialunternehmerschaft auf. Dies insbesondere vor dem Hintergrund eines hohen Engagements für ihre Zielgruppen, einer Reihe an Finanzierungsproblematiken und weiteren Belastungen durch Probleme und Konflikte, wie in den vorangegangenen Kapiteln geschildert. Da der Informationsgehalt in diesem Themenbereich besonders vielseitig ausfällt, sollen die Entrepreneure nachfolgend auch vermehrt individuell zu Wort kommen.

Die Social Entrepreneure sind auf ihre Leistungen als Selbstständige stolz (CORA S9 Z321-324; COSB S14 Z497-501; COBP S9 Z238; COSS S14 Z478-489), insbesondere darauf, dass sie alle bislang aufgetretenen Hindernisse, Krisen und Zweifel erfolgreich überwunden haben (COSB S14 Z497-501; COSS S14 Z478-489).

Dieser Stolz zeigt sich auch in der Überwindung der eigenen Grenzen und Ängste. So auch die Angst vorm Scheitern, die es gelang zu bewältigen und somit die Situation zu meistern

(COSS S14 Z478-489). Ein Selbstständiger berichtet, es mache ihn jedes Mal stolz, wenn er sich in Erinnerung ruft, dass er mit seinen Ideen und seinem Sozialunternehmen die eigene Familie ernähren kann (COSS S14 Z491-498). Der Informationsgehalt dieser Aussage ist betreffend der Vergütungssituation in der Sozialen Arbeit evtl. vielseitig interpretierbar. Erfolg bewirkt Stolz, so auch der Social Entrepreneur, welcher stolz auf das erste Projekt zurück blickt, welches mit bundesweiter Anerkennung und Preisen (COTF S4 Z5) Anerkennung fand.

Weiterhin zeigt sich Stolz in den Gemütern der Entrepreneure, wenn sie Wirkungen beim Menschen hinterlassen, so auch der Sozialarbeiter, welcher als Berufsbetreuer unternehmerisch aktiv ist:

„Natürlich bin ich auch stolz drauf, weil inzwischen kann ich sagen, über 15.000 Menschen, bei denen haben wir Spuren hinterlassen" (COSB S14 Z503-504). Positive Wirkungen für und mit den Menschen gemeinsam bewirken. Ein Social Entrepreneur sagte. er sei stolz, wenn er Menschen die Ängste nehmen kann (COHG S11 Z382-389.)

Und einige Social Entrepreneure sind stolz darauf, dass sie Leben retten: „Ich habe, glaube ich, im Verlauf der Zeit dem aller-aller- überwiegensten Teil meiner Betreuten wirklich sehr deutlich eine Verbesserung ihrer Lebensumständen hingekriegt. Bis, also, die Spanne wieder auch von sie haben überlebt, es sind wirklich welche dabei gewesen, die hätten es nicht überlebt" (COHW S13 Z449-454).

Eine Interviewte berichtet, sie sei Stolz darauf auf die Bewahrung ihrer Authentizität, die im Zusammenspiel von Werten und Lebenshaltung im Konzept der Organisation mit den Menschen immer wieder gefragt ist (COBP S9 Z240-244). Zum Begriff der Lebenshaltung führt die Interviewte aus: „Was mir wichtig ist, an Wertvorstellungen, in dem Konzept mit umzusetzen. Betrifft Achtsamkeit gegenüber dem Leben, ökologische Aspekte, Umgang mit den Mitarbeitern und ja so" (COBP S10 Z251-253).

Ein andere Interviewter meint, er sei stolz darauf bestimmte Menschen durch seine Tätigkeit zu kennen: „Na das ich solche Helden kenne, die Flüchtlinge, die Kinder" (COJM S20 Z713).

Ein weiterer Entrepreneur erweitert bewusst den Blickwinkel. So sei er stolz, dass sein Leben (über die Selbstständigkeit hinaus) auch Ehe, Familie, Sport und Ehrenamt beinhalten könne (COEK S14 Z485 – 489).

Der Bereich Work Life Balance wird ebenfalls von einer weiblichen Selbstständigen thematisiert. Sie arbeite in Vollzeit und sei zugleich Mutter. So blicke sie auf ihren Alltag mit Stolz, dass es ihr gerade als Social Entrepreneurin gelungen sei den Spagat zwischen Beruf und Familie zu leisten. Sie sei stolz, zeigen zu können, dass Arbeit Spaß macht und ihr Unternehmen und der damit verbundene Auftrag inzwischen einen Namen hat (COAG S9 Z295-301).

Der Stolz der Entrepreneure speist sich über viele Quellen. Sie sind stolz darauf Krisen, Ängste und Probleme der Gründung überwunden, das Sozialunternehmen etabliert und einen Namen in der Region zu haben. Stolz darüber die Lebensqualität von Dienstleistungsadressaten gesteigert oder gar deren Leben gerettet zu haben. Auch den Spagat von Vollzeit und Privatleben erfolgreich zu bewältigen, führt zum Stolz. Ebenso wie Wertvorstellungen beruflich zu verwirklichen und Wertschöpfung mit Menschen zu generieren.

10. Werte, Ethik und Demokratie

Schlussendlich sei angemerkt, dass diese Studie nur eine Momentaufnahme derjenigen interviewten Social Entrepreneure zeigt, welche der Region treu geblieben sind und diejenigen mit ihren Erfahrungen ausschließt, welche den Wanderbewegungen vom Osten in den Westen folgten bzw. ihre Selbstständigkeit aufgaben. Dementsprechend sind auch die nachfolgenden Beiträge zu betrachten.

Die hier gesammelten und ausgewerteten Interviewinhalte bieten Erkenntnisse, die viel über die Haltungen, Wertigkeiten und Ziele der Selbstständigen erkennen lassen. Da in den gesamten Interviewfragebogen nicht explizit nach Ethik, Werten, Einstellungen, Mandat oder Haltungen gegenüber den Zielgruppen der Sozialdienstleistungen gefragt wurde, scheint dies von besonderer Bedeutung. Fest steht, dass die Selbstständigen die von ihnen wahrgenommenen Ungleichverhältnisse, Missstände, Benachteiligungen und Chancenungerechtigkeiten von sich aus thematisierten und die Gelegenheit des Interviews nutzten, um auf Ungleichgewichte und Missstände, aber auch auf ihre schwierigen Positionen im Krampf dagegen hinzuweisen.

Dabei nehmen die Entrepreneure grundständige Schlüsselpositionen in der Sozialarbeit ein, indem sie für Werte, Ethik und demokratische Grundrechte, bzw. Chancengerechtigkeit stehen und verteidigen. Gerade diese von den Selbstständigen ausgehenden, autonomen Beiträge, die nicht Teil der Befragung waren, lassen auf die Wichtigkeiten dieser Themen und damit verbundenen Anliegen schließen.

Alle Entrepreneure verbindend ist die Hinwendung und deutliche Zentrierung auf den Menschen. Mit Menschen zu arbeiten, um diese zu unterstützen und wörtlich: „Gutes zu tun"; damit verbindet sich eine Affinität für einen gelebten Humanismus.

Gutes zu tun kann darin gipfeln, durch die fachliche Arbeit den Menschen Lebensängste zu nehmen, bedürftigen Menschen in schwierigen Lebensphasen das Leben einfacher zu machen oder ganz einfach Leben durch fachliche Intervention zu retten.

Die Arbeit der Selbstständigen scheint deutlich geprägt von Ethik, Werte und Humanismus; basierend auf einer grundlegenden Empathie für Menschen und ihre Bedürfnisse. Diese Wertezentriertheit gewinnt Ausdruck im Bestreben nach Chancengerechtigkeit und humanitären Zugängen für alle. Es zeigte sich, dass die Interviewten diesen Weg innerhalb ihre Selbstständigkeit verfolgen, trotzdem sie vermehrt Energie hierfür aufwenden und Widerstände überwinden müssen. Mit so einer deutlichen Positionierung bleiben Konflikte nicht aus, wie zu erfahren war. Hierbei wurde nicht thematisiert, wie mit möglichen Befürchtungen und negativen beruflichen bzw. unternehmerischen Auswirkungen umgegangen wird.

Die Entrepreneure reagieren in empathischer Solidarität mit anderen Menschen und im Wunsch nach funktionalen Bewältigungsstrategien, wenn Notlagen vorliegen. Sozialarbeitende sehen die Perspektiven der Menschen vor Ort sowie ihrem Bedarf an konkreten Sozialdienstleistungen. Sie wünschen sich pragmatische Lösungen zur Chancengerechtigkeit. Das Leiden betroffener Individuen, denen aufgrund finanzieller und struktureller Mängel und Defizite nicht begegnet werden kann, vollzieht sich entgegen ihrem Gerechtigkeitsempfinden.

Diese empathische Einstellung eines „Humanmandats", welches sich in der konsequenten Vertretung seiner Werte und Grundrechte zeigt, wird durch eine weitere wichtige und grundständige Positionierung der Selbstständigen untermauert, der Abkehr von schnellen Gewinnmaximierungen. Wie in vielen Fällen dokumentiert zeigte sich, dass es den Entrepreneuren gerade nicht darum geht schnelle Gewinne zu erzielen, sondern ethisch, nachhaltig und parteilich für Kinder, Jugendliche und deren Familien zu handeln. Dazu gehört es, eine Grundhaltung zu haben, die geprägt ist von Respekt und Wertschätzung gegenüber den Menschen. Diese Haltung wird nicht nur kommuniziert, sie wird gelebt und von den Menschen, die diese Dienstleistungen in Anspruch nehmen, auch so erfahren.

Selbstständige erklären, sie arbeiteten so, dass der Mensch sich als wertvoll erlebt, dass er spürt und erkennt, dass er wichtig ist. Innerhalb der Organisation sieht sich die Leitung als Teil des Teams. Wichtig sei die interne Selbstkontrolle innerhalb der Organisation. So habe der Vorstand stets die Kontrolle über den Einsatz der Gelder, damit diese ethisch und gewissenhaft eingesetzt werden. Auch die Mitarbeiterauswahl vollzieht sich anhand ethischer und werteorientierter Grundhaltungen. Andere Kriterien werden diesen nachrangig untergeordnet.

Darüber hinaus haben sich die Entrepreneure auch als kreative Denker gezeigt, die Sozialarbeit reflektierten und diese verließen, um als Entrepreneur neue Wege zu gehen, womit sie quasi eine punktuelle, persönliche Reform der Sozialarbeit bewirken.. Das zeigte sich darin, dass sie schwellenarme und neue, eventuell auch kontroverse Zugänge zu Menschen suchen, beispielsweise über den Zugang der fernöstlichen Künste oder über das Element Wasser, um Menschen ohne Berührungsängste zu erreichen. Wenn für Menschen Begrenzungen aufgehoben werden, sie also auf einer Ebene zusammenfinden, gelingt Diversitätsförderung und findet Chancengerechtigkeit statt. Die Selbstständigen konzentrieren sich dabei auf Qualität statt Quantität. Im Mittelpunkt soll, so die Entrepreneure der Mensch stehen – und nicht das Geld.

Alle Entrepreneure berichten, dass es ihnen Freude macht, mit Menschen zu arbeiten. Mit ihrem fachlichen Einsatz wollen sie bewirken, dass etwas „Gutes" geschaffen wird. Dabei sieht es so aus, als würde die investierte Energie an die Sozialarbeitenden zurück fließen. Von Hindernissen, wie Konflikten, Problemen und Einschränkungen sind sie weder einzuschüchtern, noch lassen sie sich beirren. Die Entscheidung für die Sozialarbeit sei, wie in den Interviews zu erfahren war, eine Entscheidung für die Menschen. Mit Menschen zu arbeiten und betrachten sie als „Passion."

Die Entrepreneure der Sozialen Arbeit verfügen und verteidigen über Ideale, die sie allen Widrigkeiten zum Trotz bewahrt haben wollen. Sie sind entschlossen an ihren Wertvorstellungen festzuhalten. Die Selbstständigen sind bestrebt, sich selbst und ihren Werten treu zu bleiben in der Achtsamkeit vor dem Leben, gegenüber ökologischen Aspekten und den Mitarbeitern gegenüber. Immer wieder wird geschildert, dass die Entrepreneure daran arbeiten, dass es ihren Zielgruppen gut geht und dass sie ein attraktiver Arbeitgeber sein wollen. Ihre Zielgruppen, Kinder und Erwachsene, wünschen sie sich freudig (lachend) zu sehen.

Selbst Belastungen werden von den Selbstständigen z. T. als positiv wahrgenommen, so hafte ein privater Träger mit dem Privatvermögen. Diese Verantwortung übertrage sich auf sein Selbstverständnis und er signalisiere dem Umfeld: Ich stehe für mein Handeln.

Letztlich geht es den Entrepreneuren darum Menschen durch gute Ideen und Innovationen über die Dienstleistungskonzeption zu helfen. Es beginnt mit der Wahrnehmung wo Mangel herrscht, um mit Begeisterung und Innovationen etwas Neues zu machen.

Die als defizitär bis mangelhaft skizzierte Finanzierungsituation sozialer Dienstleistungen ist übergreifend, über verschiedene Aspekte und Beispiele, geschildert worden. Die Selbstständigen leiden unter den Belastungen, ihre Dienstleistungen trotz defizitärer Rahmenbedingungen für ihre Zielgruppen individuell und qualitativ hochwertig zu erstellen. Dies wurde fast durchgängig thematisiert. Auch das Auseinanderdriften von Humanismus und Bürokratismus, welches in den Auswirkungen zum täglichen Spagat für die Einrichtungen wird, tritt als Spannungsverhältnis gleich mehrfach auf.

Summa summarum unterstützen die hier interviewten Selbstständigen auch direkt und indirekt die demokratischen Strukturen im Land. Indem es ihr Hauptanliegen ist, dass es anderen Menschen „gut geht" und sie diesbezüglich ihre Fachlichkeit einsetzen, im steten Bemühungen nach Chancengerechtigkeit und im Abbau von Benachteiligung, geben sie den Menschen der Region Hoffnung und Vertrauen in die gegebenen Strukturen.

Mit ihrer Heimatverbundenheit und ihren Erfolgen zeigen sie, dass es für sie lohnenswert war, diesem strukturschwachen Gebiet treu zu bleiben und es weiter zu entwickeln. Dabei zeigen Selbstständige Profil und nehmen evtl. Nachteile in Kauf, wenn sie Missstände gegenüber Dritten, beispielsweise Kommunen, bzw. Behörden anprangern.

Letztlich haben sich die hier interviewten Entrepreneure mit ihrem brennenden Enthusiasmus für die Menschen, Werte und Chancengerechtigkeit in ihrer Region in einem Licht gezeigt, indem sie sich sehr human für Menschen einsetzen.

Nach Zaborowski, Professor an der theologisch-philosophischen Hochschule Vallendar, hat moderne Heldenhaftigkeit immer mit Humanität, d. h. Menschlichkeit zu tun. Indem ein Mensch etwas für andere Menschen bewirkt und damit das Beste im Menschen zeigt, wird er zum Vorbild für andere Menschen und zum Helden.[34] Prof. Pollmann, von der Alice Salomon Hochschule Berlin weist darauf hin, dass Helden außeralltägliche Dinge vollbringen. Ihr Engagement geht weit über das hinaus, was die Menschen in der Regel vollbringen und als ihre moralische Pflicht begreifen würden. [35]

Letztlich obliegt es dem einzelnen Individuum sich ein Urteil über die Entrepreneure in der Sozialen Arbeit, wie sie hier geschildert wurden, zu bilden.

---

[34] vgl. Zaborski, H. (2015)

[35] vgl. Pollmann, A. (2019)

11. Empfehlungen von und für Social Entrepreneure

Die Gründerinnen und Gründer im Sozialen Dienstleistungsbereich verfügen über einen Erfahrungsschatz zur Gründung, von denen nicht nur potenzielle Gründungs- Interessierte profitieren können.

Durch die Erfahrungen der anderen Krisen vermeiden

Jede Gründung ist mit einer Investition, gleich welcher Größe verbunden. Ein entsprechendes Startkapital sei wichtig, so der Entrepreneur (COTF S4 Z3).

Eine Anfangsunterstützung von ca. zwei Jahren in den Bereichen Renten- und Krankenversicherung während der Gründung, bzw. ein halber Regelbeitrag, wäre wünschenswert, meint ein Entrepreneur (CORA S8 Z266-271).

Im Rückblick kann die Finanzierung aller Wunschvorstellungen nicht prompt vollzogen werden, resümiert ein Interviewter (CORA S9 Z303-312).

Weiter fügt ein Selbstständiger seine Erkenntnis hinzu, dass die Finanzierung und Realisierung innerhalb eines handhabbaren

Rahmens einen Prozess darstelle, der Zeit braucht und wachsen müsse.

Einige Entrepreneure gaben an, dass, im Nachgang betrachtet, eine fachliche, betriebswirtschaftliche Unterstützung bzw. Beratung zur Existenzgründung für sie wäre hilfreich gewesen wäre (COSB S14 Z482-485; COBP S8 Z212-218; COSS S13 Z464-468 COTF S4 Z3).

Manchem Gründer fehlte im Rückblick zu seiner Existenzgründung nichts: "Es ist ja gut gelaufen, ne?" war die Antwort eines Selbstständigen, der dann später, gegen Ende des Interviews, einräumte, ein erfahrener Coach wäre dann doch hilfreich gewesen (COHW S12 Z429-433).

Die Entrepreneurin mit dem drei Säulenkonzept im Dienstleistungsspektrum Trauerarbeit, Verfahrenspflege und Bildung hätte sich im Nachhinein einen guten Steuerberater und mehr Zeit zur Vorbereitung der Gründung gewünscht (COAG S8 Z273-282). Alternativ wären gutwillige Kooperationspartner, die Gründer mit der Vermietung ihrer Räume/Hallen unterstützen würden, hilfreich (COHG S11 Z371-377).

Ein anderer Selbstständiger hätte seine eigene Entscheidung zur Gründung lieber eher getroffen (COEK S13 Z460-461). Ein selbstständiger Kollege aus der Kinder- und Jugendhilfe hätte sich eine Gründerkultur gewünscht, die sich austauscht, ein Netzwerk bildet und sich coachen lässt, um vermeidbare Fehler zu umgehen (COSS S12-13 Z436-447).

Abgesichert gründen

Es sei empfehlenswert das (vorhandene) Arbeitsverhältnis weiterhin zu halten, um dann aus dieser Absicherung heraus seine Existenzgründung zu starten (CORA S8 Z254-262).

Vorzugsweise sollte klein anfangen werden und dann, nach und nach, größere Projekte aufbaut werden (COSS S12 Z407-414). Dabei sollten sich die Gründer lieber auf ein Projekt konzentrieren, evtl. in Kooperation mit Ministerien. Erfüllung und Erfolg kann dadurch entstehen, indem etwas NEUES gemacht wird. Durch das Alleinstellungsmerkmal einmalig zu werden - im Ausmaß, Fülle und Breite (COTF S4 Z5). Eine weitere Empfehlung lautet ganz pragmatisch: „Im Vorfeld zur Gründung Geld zu sparen" (COEK S13 Z437-443).

Prüfe deine Einstellung, Motivation und dein Auftreten

Für eine erfolgreiche Existenzgründung braucht es Mut, Durchhaltevermögen, einen Plan und Verbündete (COSB S13-14 Z467-473; COEK S13 Z437-443). Nur wer für seine Idee brennt, wird eine Chance auf Umsetzung haben (COJM S18 Z645-652). In der Selbstständigkeit der Sozialen Arbeit sollten Gründungswillige ihre Motivation und ihre Einstellung zu Menschen überprüfen. Im sozialen Dienstleistungsspektrum sind, neben hohen fachlichen Kompetenzen, die Fähigkeiten zum Vertrauensaufbau essenziell. Die Kompetenz ein gutes Auftreten zu haben und Freundlichkeit auszustrahlen sei ein Türöffner in allen Bereichen (COHG S10-11 Z352-367).

Sei informiert, gut vorbereitet und profitiere durch Beratung

Angehende Gründer sollten ihre Gründungsidee mit kompetenten Ansprechpartnern besprechen und keine Angst haben die Idee könnte geklaut werden (COAG S8 Z263-265).

Das Arbeitsfeld mit seinen Anforderungen und Herausforderungen sollte der Gründungwillige gut kennen (COCG S8-9 Z279-288; COTF S4 Z2) und eigene Berufserfahrung besitzen (COSS

S12 Z423-432). Neben Berufserfahrung sei aber auch menschliche Reife, Abgeklärtheit sowie Erfahrungen in schwierigen Lebensphasen förderlich (COHW S12 Z406-412).

Potenzielle Gründer sollten auf jeden Fall Beratung in Anspruch nehmen (COEK S133 Z447-449), so auch eine Angebots- und Bedarfsanalyse durchführen und sich Verbündete suchen (COTF S4 Z2).

Letztlich wird unbedingt benötigt ein „Gutes Steuerbüro und betriebswirtschaftliches Wissen" (COAG S8 Z263-265).

Zusammenfassung

Einer der grundlegenden Erkenntnisse dieser Studie war, dass die Arbeit der Selbstständigen deutlich geprägt zu sein scheint von Ethik, Werten und Humanismus; basierend auf einer grundlegenden Empathie für Menschen und ihre Bedürfnisse.

Anlass für viele Gründungen waren hohe Belastungen und negative Erfahrungen im damaligen Angestelltenverhältnis. Die Neuorientierung über die Gründung, auf der Basis von eigenen Ideen, neuen Konzepten und Zugängen zur Umsetzung Sozialer Arbeit brachten die erhoffte Veränderung.

Neben dieser Veränderungsbereitschaft zeigten sich die interviewten Social Entrepreneure, alles gebürtige Brandenburger, als fachlich hoch qualifizierte Dienstleistungsanbieter mit hoher Bildungsaffinität. Auf zehn Interviewte kamen 17 zusätzlich abgeschlossene Studiengänge, Berufsausbildungen oder langjährige Weiterbildungen bzw. Zusatzqualifikationen.

Mehrheitlich fanden die damaligen Gründungen nach fünf bis zwölf Jahren Berufspraxis statt und in der Regel ohne Unterstützung durch einen Wissenstransfer zur Selbstständigkeit im Studium. Die Hälfte der Selbstständigen organisierte sich dieses Know how zu Beginn der Existenzgründung selbst. Der Kapitaleinsatz orientiert sich am Sozialunternehmen, tendenziell war ein Gründungskapital im unteren dreistelligen Bereich ausreichend. Nur eine Gründung benötigte eine fünfstellige Summe zur Gründung. Die interviewten Social Entrepreneure waren fünf bzw. zehn Jahre und länger als Sozialunternehmer tätig.

Die Interviewten gründeten ihre Sozialunternehmen am Standort der Lausitz in erster Linie aus Heimatverbundenheit, gefolgt von praktischen Gründen wie Regionalkenntnissen, Vorhandensein von Netzwerken und familiärer Anbindung. Gründe gegen eine Selbstständigkeit in der Lausitz gab es für sie nicht, einige Optimierungen wären jedoch begrüßenswert. Rund die Hälfte der Interviewten sieht Chancen, die ihnen die Region bietet. So z. B. ein gutes Miteinander mit den Einwohnern, intakte Kooperationen und ein gutes Netzwerk auf der fachlichen Ebene. Die regionale Lage bietet viel Raum und landschaftliche Anziehungskraft, geringe Mieten sowie wenig Konkurrenz und dadurch Entspannung. Die Entrepreneure sehen mehrheitlich in der Strukturarmut der Region keine Hindernisse für ihre Tätigkeit.

Eine Reihe an Problemen lastet jedoch auf den Selbstständigen, welche in den unterschiedlichsten Segmenten Dienstleistungen anbieten. So können direkt vergütete Dienstleistungen, für die eine dringende Nachfrage besteht, nur von liquiden Adressaten in Anspruch genommen werden, währenddessen Niedrigverdiener und Mittellose sich die Leistungen nicht leisten können. Dieser Ausschluss belastet die Selbstständigen ebenso wie die Betroffenen.

Der Bereich der indirekten Finanzierung umfasst noch weitere vielfältige Herausforderungen. So kollidieren die niedrige Vergütung im Sozialbereich und der vorherrschende Sparzwang mit den Ansprüchen der Entrepreneure nach Qualität, Werten und Ethik in der Dienstleistungserstellung.

Insgesamt schilderten die Selbstständigen eine Reihe an unterschiedlichen Problematiken. Insbesondere sind dies die Themen: geringe Finanzierung, niedriger Personalschlüssel, hohe Auflagen, wachsender Verwaltungsaufwand und die Dominanz betriebswirtschaftlicher Themen zu Lasten der fachlichen Tätigkeit und der Qualität der Dienstleistungen.

Trotz der geschilderten negativen Aspekte und trotz notorischer Zeitnot sind die Entrepreneure im Austausch mit anderen Selbstständigen. Vielfach vermischen sich dabei die privaten und beruflichen Ebenen. Der gemeinsame Austausch und die Anbindung wird als bereichernd erlebt, da er Problemlösungen fördert, Ängste und Sorgen minimiert und eine gegenseitige Unterstützung erfolgt.

Rege Kooperationen finden auch in der Dienstleistungserstellung statt. Stete, umfassende Kooperationsaktivitäten mit verschiedenen Anspruchsgruppen, bilden die Voraussetzung für viele Entrepreneure zur optimalen Dienstleistungserstellung. Aber auch Kooperationsvermeidung zu Partnern als etwaigen Konkurrenten, bedingt durch einen harten Wettbewerb, gilt als Mittel der Wahl.

Fast alle Entrepreneure schließen eine Rückkehr in ein abhängiges Beschäftigungsverhältnis für sich aus. Es finden sich aber auch geteilte Meinungen. Diesbezüglich wird eine Anstellung gerade vor den Aspekten Absicherung der Rente und im Krankheitsfall auch positiv gesehen und nicht unbedingt ausgeschlossen.

Alle Interviewten brennen leidenschaftlich für ihre Ideen und ihr Unternehmen, aber auch für die Optimierungen von Rahmenbedingungen und Inhalten in der Sozialen Arbeit. So hatten die interviewten Social Entrepreneure der Lausitz ihre Konzepte aufgrund ihrer Erfahrungen und Ansprüche optimiert. Bei einigen Dienstleistungsangeboten zeigt sich der Trend die Konzepte und Methoden der Sozialen Arbeit mit alternativen Angeboten zu verbinden, womit u. a. eine Niedrigschwelligkeit für die Anspruchsgruppen erreicht werden soll.

Fast alle Entrepreneure sagen von sich, sie hätten ihre Leidenschaft zum Beruf gemacht. Dabei blicken sie mit Stolz auf ihre Errungenschaften. Selbstständige sind u.a. stolz darauf Krisen, Ängste und Probleme der Gründung überwunden zu haben, das Sozialunternehmen etabliert und einen Namen in der Region zu haben.

Das Gesamtbild zeigt, dass die Entrepreneure grundständige Schlüsselpositionen in der Sozialarbeit einnehmen, indem sie für

Werte, Ethik und demokratische Grundrechte, bzw. Chancengerechtigkeit stehen und diese verteidigten. Diese autonomen Beiträge der Selbstständigen, die nicht Teil der Befragung waren, lassen auf die Wichtigkeit dieser Themen und der damit verbundenen Anliegen schließen.

Alle Entrepreneure verbindend ist deren Hinwendung und Haltung in Bezug auf den Menschen. Mit Menschen zu arbeiten, um diese zu unterstützen und wörtlich: „Gutes zu tun"; zeigt eine Affinität für einen gelebten Humanismus.

Letztlich haben sich die hier interviewten Entrepreneure mit einem brennenden Enthusiasmus für die Menschen, Werte und Chancengerechtigkeit in ihrer Region gezeigt, von denen vielleicht nicht nur ihre Zielgruppen meinen könnten, dass diese

„stille Helden" seien?

Danksagung

Allen Interviewpartnerinnen und Interviewpartnern gilt

ein

herzliches Dankeschön.

Insbesondere dafür, dass sie ihre knappe Zeit geopfert haben, um an den Interviews mitzuwirken. Ebenso bedanke ich mich für die von ihnen ausgehende Offenheit und Freundlichkeit ihre Räumlichkeiten zu präsentieren und ihre Konzepte darzulegen.

Aus Datenschutzgründen sind die aufgezeichneten Interviews am Institut für Soziale Arbeit archiviert und auf Anfrage einsehbar.

Literatur

Achleitner, A.(2006), Social Entrepreneurship and Venture Philanthropy in Germany, http://ssrn.com/paper=1152275 (02.10.2018)

Balgar, K./Melz, Ch. (2010), Nachbericht zum Expertenworkshop: Social Entrepeneurs in Deutschland – Raumansprüche und Raumentwicklung am 8. Mai in Berlin. Erkner. http://www.irs-net.de (02.10.2018)

Budde, V. (2018a), Eine Geschichte nicht genutzter Chancen, URL: https://www.deutschlandfunkkultur.de/braunkohleregion-lausitz-eine-geschichte-nicht-genutzter.1001.de.print?dram:article_id=411943 (06.06.19)

Budde, V. (2018b), In der Lausitz trocknen die Seen aus, URL: https://www.deutschlandfunkkultur.de/tagebau-in-brandenburg-in-der-lausitz-trocknen-die-seen-aus.1001.de.html?dram:article_id=409619

Bundesagentur für Arbeit (Juni 2019) https://statistik.arbeitsagentur.de/Navigation/Statistik/Statistik-nach-Regionen/Politische-Gebietsstruktur/Brandenburg/Cottbus-Stadt-Nav.html (16.07.2019)

Bundesagentur für Arbeit, ZAV (2007), Arbeitsmarkt Kompakt. Sozialarbeiter und – pädagogen. www.hs-bremen.de/internet/studium/stg/soz/aussichten/am-kompakt-sozialarbeiter-und-paedagogen-anehmer.pdf

Burgard, O. (2016), Arbeitsmarktstudie. Sozialarbeiter überholen Ingenieure. Eine Studie zeigt einen neuen Engpass auf dem Arbeitsmarkt. Die Zeit Nr. 07/2016 :http/www.zeit.de (01.02.2019)

Förderverein Lausitz (2018) online: https://www.lausitz.de/de/ueber-uns/historie/geschichte.html (16.11.18)

Gablers Wirtschaftslexikon Online: https://wirtschaftslexikon.gabler.de

Jähnke, P./Christmann, P./Balgar, K. u.a. (Hrsg.) (2011), Socialentrepreneurship Perspektiven für die Raumentwicklung, Wiesbaden: VS Verlag

Klandt, H./Szyperski, N./Frese, M. u.a. (2008) (Hrsg.), Regionalspezifische Erfolgsfaktoren von Gründungen. Reihe FGF „Entrepreneurship Research Monographien", Band 63, Köln: Lohmar Verlag

Landkreis Oberspreewald (2017), Tourismus, URL: http: //www.osl-online.de/seite/287760/daten2.verwaltungsportal.de/dateien/seitengenerator/senftenberg_sen_2017_ansicht-endfassung-korrigiert.pdf (12.12.2018)

Lexikon der Philosophie im Internet (o.J), Humanismus. URL: http://www.philolex.de/humanism.htm (09.07.19)

Mayring, P. (1999), Einführung in die qualitative Sozialforschung. Eine Anleitung zum qualitativen Denken. 4. Aufl. Weinheim

Märkische Allgemeine. www.maz--online.de/Brandenburg/Das-Land-Brandenburg-sucht-verzweifelt-Sozialarbeiter (Stand: 26.11.18)

Meuser M./Nagel, U. (2002), ExpertInneninterviews – vielfach erprobt, wenig bedacht. Ein Beitrag zur qualitativen Methodendiskussion. In: Bogner, A./Littig, B./Menz, W. (Hrsg.) Das Experteninterview. Theorien, Methoden, Anwendung. Leverkusen – Opladen: Westdeutscher Verlag

Pollmann, A: (2019), Ethiker über Vorbilder. „Wir brauchen Heldinnen und Helden". Interview: Deutschlandfunk v. 22.07.19 mit Christiane Florin. https://www.deutschlandfunk.de/ethiker-ueber-vorbilder-wir-brauchen-heldinnen-und-helden.886.de.html?dram:article_id=454327 (22.07.19)

Pro Lausitzer Braunkohle (2018): Kohleausstieg würde Lausitz besonders hart treffen. Online: URL: https://www.pro-lausitz.de/index.php/News-leser_o/items/kohleausstieg-wuerde-lausitz-besonders-hart-treffen.html (10.11.2018)

Richter, R./Christmann, G. (2018), Innovation und Sozialunternehmertum: EU- Projekt zeigt neue Potenziale für die Landentwicklung auf. IRS – Leibniz Institut für raumbezogene Sozialforschung (Stand: 26.11.18)

Sacco, Sylvia (2002), Kooperationen nach dem Partnerschaftsgesellschaftsgesetz in der Sozialen Arbeit, Dissertation an der Universität Kassel

Stadtverwaltung Cottbus online: https://www.cottbus.de/.files/storage/aa/aa/ps/Bevoelkerungsvorausberechnung_2035.pdf sowie https://www.cottbus.de/verwaltung/gb_ii/buergerservice/statistik/bevoelkerung.html (15.07.19)

Statista(2018), Entwicklung der Gesamtbevölkerung. URL: https://de.statista.com/statistik/daten/studie/322511/umfrage/entwicklung-der-gesamtbevoelkerung-in-cottbus/ (13.12.18)

Statista (2011), Relgionszugehörigkeit der Deutschen nach Bundesländern im Jahr 2011.URL: https://de.statista.com/statistik/daten/studie/201622/umfrage/religionszugehoerigkeit-der-deutschen-nach-bundeslaendern/(02.02.19)

Ullrich P. (2), Das explorative ExperterInneninterview: Modifikation und konkrete Umsetzung der Auswertung von Experteninterviews nach Meuser/Nagel. In: Engartner, T./Kuring, D./Teubl, T. (Hrsg.) (2006). Die Transformation des Poltischen: Analysen, Deutungen, Perspektiven. Siebtes und achtes Doktorantenseminar der Rosa Luxemburg Stiftung. Berlin: Dietz

Unterberg, M./Richter, R./Spieß-Knafl. W. u.a. (2016), Herausforderungen bei der Gründung und Skalierung von Sozialunternehmen: Welche Rahmenbedingungen benötigen Social Entrepreneurs? Studie für das BMWI, Hamburg: Evers & Jung GmbH

Wangemann, U. (2018), Brandenburg sucht verzweifelt Sozialarbeiter, Märkische Zeitung v. 02.02.2018 (26.11.2018); URL: https://www.maz-online.de/Brandenburg/Das-Land-Brandenburg-sucht-verzweifelt-Sozialarbeiter

Wirtschaftsregion Lausitz GmbH (Wirtschaftsregion Lausitz (Mai 2019): Lage der Region. Online:: URL: http://wirtschaftsregion-lausitz.de/de/wirtschaft/lage-der-region.html (Stand: 16.07.2019):

Wörlen, C./Keppler, L./Holzhausen, G. (2017), Arbeitsplätze in Braunkohleregionen- Entwicklung in der Lausitz, dem Mitteldeutschen und Rheinischen Revier, Kurzstudie für die Bundesfraktion Bündnis 90/Die Grünen, Berlin 01. Juli 2017, Arepo Consult Berlin; S. 25. https://www.gruene-bundestag.de/fileadmin/media/gruenebundestag_de/themen_az/energie/PDF/APBK-Kurzstudie.pdf

Zaborski, H. (2015), Vorbilder von gestern und heute. Welche Helden braucht unsere Gesellschaft? Interview: Deutschlandfunk v. 02.07.15 mit Alfried Schmitz. Online: https://www.deutschlandfunk.de/vorbilder-von-gestern-und-heute-welche-helden-braucht.1148.de.html?dram:article_id=324298 (16.05.19)

Zeit online: https://www.zeit.de/2015/30/braunkohle-tagebau-deutschland- verwuestung.de, Nr. 30 vom 23.07.2015 (20.11.18)

Anhang

Lfd. Nr.	Zusatzstudium/Berufsausbildung/ Weiterqualifikation
1.	MechanikerIn für Datenverarbeitungs- u. Büromaschinen
2.	Koch/Köchin
3.	Diätköchin/Diätkoch
4.	KommunikationstrainerIn/Coach
5.	OutdoortrainerIn
6.	Systemischer Businesscoach
7.	BauzeichnerIn
8.	MalerIn/LackiererIn
9.	Garten u. LandschaftsbauerIn
10.	Diplom ÖkonomIN
11.	Energie- ElektronikerIN
12.	Master Medienwissenschaften
13.	LerntrainerIn
14.	KrankenpflegerIn
15.	VerfahrenspflegerIn
16.	Tai Chi/Chi Gong TrainerIn
17.	ErzieherIn

Brandenburgische Technische Universität Cottbus - Senftenberg

Entrepreneurship in der Sozialen Arbeit. Chancen und Risiken in strukturarmen Regionen (Lausitz)

Prof. Dr. rer. pol. Sylvia Sacco
Management von Gesundheit- und Sozialorganisationen
Institut für Soziale Arbeit
Brandenburgische Technische Universität Cottbus - Senftenberg
sacco@b-tu.de

Datum des Interviews:

Name der/ des Interviewten:

Biographischer Hintergrund

1. Sind Sie gebürtig aus der Region oder sind Sie zugezogen?
2. Über welche(n) Studien-Abschluss /-Abschlüsse, bzw. Ausbildungen verfügen Sie?
3. Seit wann sind Sie selbstständig?

<2 □	<5 □	<10 □	>10 □

4. Wie viel Zeit lag zwischen Ihrem Hochschulabschluss und Ihrer Gründung?
5. Führen Sie Ihre Selbstständigkeit in Teilzeit oder Vollzeit aus?

Teilzeit □	Vollzeit □

Das Gründungsanliegen und Umsetzungsbedingungen

6. Würden Sie von sich sagen, Sie haben Ihre Leidenschaft zum Beruf gemacht?
7. Was waren Ihre Beweggründe sich im Sozialsektor selbständig zu machen? (Motivation und Anstöße zur Gründung)
8. Wurden Existenzgründungen in Ihrem Studium bereits thematisiert bzw. unterstützt?
9. Haben Sie bei der Umsetzung Ihrer Existenzgründung (ggf. weitere) Unterstützung erhalten? Wenn ja, von wem und in welcher Form?

Unternehmensbeschreibung und Auftrag

10. War zur Gründung der Einsatz von Kapital notwendig?
11. Welche Zielgruppen sprechen Sie mit Ihren Dienstleistungen an?
12. Würden Sie kurz Ihre Dienstleistungen beschreiben?
13. Gibt es besondere Herausforderungen/ Probleme innerhalb Ihrer Dienstleistungstätigkeit, die Sie beschäftigen?
14. Wie sehen Sie die Zukunft Ihres Unternehmens?

Die besonderen Bedingungen/ Spezifitäten der Gründung in der Lausitz

15. Sie haben sich als Selbständige(r) für den Standort der Lausitz entschieden. Welche Gründe waren dafür ausschlaggebend?
16. Gab es auch Gründe, die gegen den Standort sprachen?
17. Haben Sie Kontakt zu anderen Selbständigen? Begründen Sie bitte kurz Ihre Antwort.
18. Bietet die Region Cottbus/ Lausitz Ihnen besondere Chancen oder Optionen an, die sich auf Ihre Selbständigkeit positiv auswirken oder unterstützen?
19. Würden Sie sagen, es gibt besondere Herausforderungen für selbständige Sozialarbeitende in der Region der Lausitz?
20. Wenn Sie Sozialarbeitenden, die eine Existenzgründung in der Sozialen Arbeit vorhaben, raten und empfehlen könnten, was wären Ihre Ratschläge/ Empfehlungen?
21. Wenn Sie sich im Nachgang zu Ihrer Existenzgründung etwas wünschen könnten, was wäre das?
22. Käme für Sie eine Rückkehr in ein Angestelltenverhältnis in Frage?
23. Worauf sind Sie im Rückblick besonders stolz?